工夫茶
공부차

〔제대로 알고 즐기는 **오룡차**의 모든 것〕
Gong Fu Cha ················
叶羽晴川 지음 / 朴鎔模 옮김

한솜미디어

제대로 알고 즐기는 오룡차(烏龍茶)의 모든 것
공부차

1쇄 찍음 / 2005년 10월 1일
1쇄 펴냄 / 2005년 10월 5일

지은이 / 叶 羽晴川
옮긴이 / 朴 鎔 模
펴낸이 / 金 泰 奉
편 집 / 황은진, 김주영, 정종해
영 업 / 박상필, 김미란
등 록 / 제5-213호
펴낸곳 / **한솜미디어**

주소 / (우143-200) 서울시 광진구 구의동 243-22
전화 / (02)454-0492, 팩시밀리 (02)454-0493
HomePage http://hansom.co.kr
E-mail hansom@hansom.co.kr

값 13,000원
ISBN 89-5959-009-6 03590
*잘못 만들어진 책은 구입하신 서점에서 친절하게 바꿔드립니다.

工夫茶 by 叶羽晴川
copyright: ⓒ 2005 by
本书中文版由中国・叶**羽**晴川 出版除韩文图书版授予
HANSOM MEDIA外, 其他一切权利保留
Korea translation copyright ⓒ 2005 HANSOM MEDIA
Korea translation rights arranged With The Writer
through HANSOM MEDIA, Seoul.
이 책의 한국어판 저작권은 지은이 叶羽晴川과 독점계약으로
'한솜미디어'가 소유합니다. 저작권법에 의하여 한국 내에서
보호를 받는 저작물이므로 저자나, 출판사의 서면 동의없이는
무단전재와 복제를 금합니다.

※본서의 내용에서 사용하는 고유명사 발음은 현지에서 통용되는 원음으로
정리하였으며, 저자와 몇 차례 만나서 확인하며 완벽을 기하려고 노력하였다.
예) 북경(北京)→ 베이징, 복건(福建)→ 푸지엔, 안계(安溪)→ 안시.
광동(廣東)→ 광동. 단, "우롱차(烏龍茶)"는 국내에서 많은 차인들이
오랫동안 "오룡차"로 알려져 혼돈을 우려해서 그대로 표기하였다.

공부차 · Gong Fu Cha

공부차

**맛과 향에서 으뜸인 차(茶)의 왕(王)
오룡차(烏龍茶)의 세계**

중국은 지역이 넓고 각 지방마다 풍속이 다르며 좋아하는 차도 서로 같지 않다. 푸지엔(福建) 및 광둥(廣東)의 산토우(汕頭), 차오조우(潮州) 일대의 사람들은 오룡차(烏龍茶)를 좋아하는데, 민남(閩南)과 차오조우와 산토우 사람들이 특히 좋아한다.

오룡차를 즐기는 데는 상당한 시간과 비용, 소양이 요구되어 사람들은 이를 "공부차(工夫茶)"라 한다. "공부차"는 다구가 정교하며 우리는 방법도 정미(精美)하다. 먼저 향을 맡고 한 모금 마시면 처음에는 쓴 듯하지만 뒷맛이 달다. 여기서 고진감래(苦盡甘來)의 의미를 깨닫고, 산길을 힘들게 돌아오르고 나서 탁 트인 세계를 바라보는 기분을 맛본다. 마시기 시작하면 쉽게 습관이 된다. 푸지엔과 광둥의 사람들이 어린이에서 노인에 이르기까지 공부차를 좋아하는 것은 결코 이상한 일이 아니다.

"공부차"에는 다른 차는 적합하지 않고 반드시 반 발효차인 오룡차를 써야 한다. 오룡차는 청차라고도 하며 녹차와 홍차의 장점을 다 갖고 있는데, 만드는 기술이 복잡하고 까다로워 만드는 지역이 그리 많지 않다.

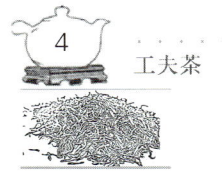

4 工夫茶

대홍포는 무이암차 4대 명총 중에서도 으뜸으로 치는데 예로부터 차의 왕이라 칭송받고 있다. 대홍포의 모수는 무이산 천심암 구룡과의 절벽 위에 여섯 그루가 자리고 있는데 국보로 지정되어 있다. 1년에 생산되는 차는 아주 적은 양으로 1998년도에 이 중 20그램이 국제입찰에서 미화 2만달러(한화 이천육백만원)에 낙찰되었다 (옆 사진 참조).

공부차 · Gong Fu Cha

청차인 오룡차 중에서는 무이산 암차와 민남 안시(安溪)의 차를 제일로 친다. 대홍포는 무이암차 4대 명총 중에서도 으뜸으로 치는데, 예로부터 차(茶)의 왕(王)이라 칭송받고 있다.

대홍포의 모수는 무이산 천심암 구룡과의 절벽 위에 여섯 그루가 자라고 있는데 국보로 지정되어 있다.

푸지엔성(福建省) 안시현(安溪縣)은 세계적으로 유명한 오룡차 산지이다. 여기에서 생산되는 오룡차의 자연스런 화향(花香)과 마신 후에 남는 맛과 향의 여운은 다른 차가 따라오지 못한다.

그 중에서도 철관음이 가장 빼어나고 황금계(黃金桂), 본산(本山), 모해(毛蟹) 등도 공부차를 좋아하는 사람들의 깊은 사랑을 받고 있다.

工夫茶

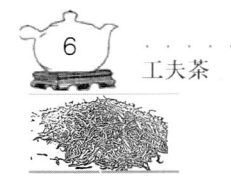

옮긴이의 말

　　차를 마실 때 처음에는 녹차의 신선하고 상쾌함에 심취하고, 다음에 홍차의 부드러운 향과 풍요로운 맛과 여유 있는 분위기에 빠지고, 그리고 나서야 마지막으로 오룡차의 화려하다고까지 말하는 다양하고 개성 있는 향과 깊은 맛 그리고 마시고 난 뒤에 길게 남는 여운(韻)에 미치면 빠져나오기 힘들다. 그래서 차치(茶痴), 차미(茶迷)들이 가장 좋아하는 차가 오룡차라 한다.

　　최근 몇 년 사이에 우리나라에서도 반 발효차에 대한 관심이 높아지고 있으며, 많은 차인들이 반 발효차인 황차를 만들어 마신다. 이 시점에서 중국의 반 발효차인 오룡차는 무조건적인 배척 대상이 아니라 우리의 차 문화를 살찌우게 하는 자극제가 될 것이다.

　　차의 분류상 청차(青茶)로 분류되는 오룡차는 대홍포, 철라한, 백계관, 수금귀, 수선, 육계, 등으로 유명한 무이 암차, 철관음으로 널리 알려진 안계차, 봉황단총으로 대표되는 광동 오룡 그리고 동정오룡, 동방미인 등으로 익숙한 타이완 오룡과

문산 포종 같은 포종차는 그 종류와 가지 수가 헤아리기 힘들 정도로 많고, 또 중국의 차 산업의 문제점인 유통의 혼란으로 인해 다양하고 개성 있는 명차들을 제대로 접하기는 쉽지 않은 것도 사실이다.

역자는 윈난(云南)농업대학의 주홍걸(周紅杰) 교수가 쓴 《운남 보이차(云南 普洱茶)》를 소개하면서 '한솜미디어'의 김태봉 대표와 인연을 맺었다. 김태봉 대표는 본인이 사무실에 다구를 갖추고 일과 생활 속에서 차와 함께 하는 차인으로 직원들과 어울려 오룡차를 즐긴다. 이런 배경으로 오룡차를 소개하는 책을 준비하기로 상의하고 중국에서 출판된 적합한 책을 고르는데 쉽지는 않았다.

우선 오룡차를 잘 정리한 책이 많지 않았고 더구나 우리 실정에 잘 맞는 책은 흔하지 않았다. 지은이 예위칭촨(叶羽晴川)은 10여 년 전부터 차 문화를 연구하고 관련서적을 집필하는 30대 중반의 젊은 작가로, 역자는 그가 쓴 《보이차(普洱茶) 심원(尋源)》을 읽고나서 그와 교류하게 되었다.

《공부차(工夫茶)》는 전문가를 위한 전문서적은 아니지만 오룡차 전반을 비교적 잘 정리한 책으로 이해하고 접근하기 어렵지 않으리라 생각된다. 사실 차의 맛과 향 그리고 기(氣), 운(韻)을 말과 글로 표현한다는 것은 불가능한 일이고 더구나 그것을 옮기는 것은 무모한 일이다. 그러나 우리가 등산을 하

工夫茶

공부차·Gong Fu Cha

기 전에 지도를 보면 지도 속에서 능선 위의 하늘을 떠가는 구름을 볼 수 없고 계곡을 흐르는 맑은 물의 시원함, 숲에서 지저귀는 새소리는 들을 수 없지만 등산하는데 시행착오는 줄일 수 있는 것처럼 이 책이 차를 즐기고 오룡차(烏龍茶)에 관심 갖는 분들에게 조금이라도 도움이 되었으면 한다.

비갠 하늘이 맑고 바람이 청량하다. 바로 오룡차가 입에 당기는 계절이다.

초가을에 無等山下
靑牛尋處에서
옮긴이 朴 鎔 模

工夫茶

차례

공부차 — 맛과 향에서 으뜸인 차(茶)의 왕(王) 오룡차의 세계/ 3
옮긴이의 말/ 6

제1장. 공부차(工夫茶)란 무엇인가?/ 16
  1. 공부차의 유래/ 19
    (1) 공부차는 품차과정 및 차구의 정교함에서 유래/ 21
    (2) 공부차는 차 끓이는 기법/ 22
    (3) 공부차의 정의/ 24
  2. 공부차의 뿌리/ 25
    (1) 중국 차 문화사/ 25
    (2) 일반적으로 공부차는 차 우려마시는 방법/ 48
    (3) 오룡차의 탄생/ 50
    (4) 공부차의 유행 시기 및 지역/ 54

제2장. 공부차의 매력/ 59
  1. 공부차는 인정이다/ 61
  2. 공부차의 경계(境界)/ 63
  3. 공부차의 아름다움/ 66
  4. 공부차의 즐거움/ 71

제3장. 공부차의 명차/ 75
  1. 무이산(武夷山) 암차(岩茶)/ 76

공 부 차
GongFuCha

 (1) 무이암차의 특징/ 79
 (2) 무이암차의 역사/ 80
 (3) 무이암차의 제조법/ 83
 (4) 무이암차의 분류/ 90
 (5) 무이암차의 정품/ 94
 모본 대홍포(大紅袍)의 차 따기 및 제다 전 과정/ 99
 대홍포와 진덕화/ 104
  ·철라한(鐵羅漢)/ 108 ·백계관(白鷄冠)/ 109
  ·수금귀(水金龜)/ 111 ·무이육계(武夷肉桂)/ 112
  ·무이수선(武夷水仙)/ 114 ·매점(梅占)/ 117
  ·모해(毛蟹)/ 118 ·무이채차(武夷菜茶)/ 118
  ·오룡(烏龍)/ 119
 암차 품차(品茶)의 요점/ 121

2. 안계차(安溪茶)/ 126
 (1) 안계차의 특징/ 127
 (2) 안계차의 역사/ 129
 (3) 안계차의 제다/ 132
  ·철관음의 제다공정/ 133
 (4) 안계차의 명품/ 145
  ·철관음/ 146 ·황금계/ 151
  ·본산/ 154 ·모해/ 156 ·매점/ 158
  ·기란/ 159 ·대엽오룡/ 159

차례

3. 푸지엔(福建) 오룡차/ 166
- 민북수선/ 166
- 백모후/ 168
- 영춘불수/ 169

4. 광동 오룡차 - 봉황수선/ 171
5. 타이완 오룡차/ 174
(1) 타이완 오룡차/ 175
(2) 타이완 오룡명품/ 176
- 백호오룡, 팽풍차/ 176 · 목책 철관음/ 181
- 타이완 포종차/ 182

(3) 타이완 포종차 명품/ 184
- 문산 포종/ 184 · 동정 오룡/ 187 · 송백 장청차/ 192
- 고산차/193 · 명덕차/194 · 고산 금훤차/ 195

제4장. 공부차의 다구/ 197
1. 차호/ 198
(1) 이싱 자사/ 198
(2) 자사호의 조형/ 204
(3) 자사호의 선택 표준/ 207
(4) 자사호 길들이기/ 210

2. 찻잔/ 213
3. 차세(茶洗: 차 씻음 그릇)/ 216

공 부 차
GongFuCha

    4. 기타 다구/ 218

  제5장. 공부차 우리기/ 221
    1. 공부차 일반 포법(泡法)/ 223
      (1) 다구 준비/ 223
      (2) 차를 넣기/ 224
      (3) 물 끓이기/ 224
      (4) 물 붓기/ 226
      (5) 거품 걷어내기/ 226
      (6) 호에 뜨거운 물 붓기/ 227
      (7) 잔 덥히기/ 228
      (8) 차 따르기/ 229
      (9) 품명(品茗 : 敬茶)/ 230
    2. 공부차 표현 다도(茶道)/ 231

무이산 차밭 전경

· Gong Fu Tea ——————— 공부차란 무엇인가? 제1장

工夫茶
공부차

중국의 푸지엔성, 광둥성, 타이완 사람들은
오룡차 마시는 것을 매우 좋아한다.
특히 푸지엔성 남부의 민남(閩南) 사람,
광둥의 차오조우(潮州), 산토우(汕頭) 사람들은
매우 신경을 써서 오룡차를 마시며,
시간, 돈, 정성을 많이 들인다.
그래서 사람들은 그것을 공부차라고 한다.

제1장. 공부차란 무엇인가?

중국의 푸지엔성, 광둥성, 타이완 사람들은 오룡차 마시는 것을 매우 좋아한다. 특히 푸지엔성 남부의 민남(閩南)[1] 사람, 광둥의 차오조우(潮州), 산토우(汕頭) 사람들은 매우 신경을 써서 오룡차를 마시며, 시간, 돈, 정성을 많이 들인다. 그래서 사람들은 그것을 공부차라고 한다.

민남 지방 및 광둥성의 차오조우, 산토우 지방 사람들에게는 이런 공부차를 마시는 것이 생활의 일부분이며, 대부분의 가정에는 다구를 준비하고 있고 손님이 오면 우선 차를 내는 것이 이 지방의 풍습이다. 뿐만 아니라 저녁이면 온 가족이 둘러앉아 천천히 공부차를 즐기면서 그날 하루 일을 마무리하는 것은 많은 가정에서 뺄 수 없는 중요한 일과가 되어 있다. 또한 젊은이들은 여름밤 공원에서 자리와 다구를 빌려

민남 지방 및 광둥성의 차오조우, 산토우 지방 사람들에게는 이런 공부차를 마시는 것이 생활의 일부분이며, 대부분의 가정에는 다구를 준비하고 있고 손님이 오면 우선 차를 내는 것이 이 지방의 풍습이다.

---

1) 민남(閩南), 민북(閩北) 푸지엔성 가운데를 흐르는 민강을 기준으로 남쪽을 민남, 북쪽을 민북으로 칭한다. 민북의 차산지는 지엔양, 지엔오우, 무이산 등이 속하고, 민남에는 철관음으로 유명한 안시(安溪), 난안(南安), 용춘(永春) 등이 속한다.

공부차 · Gong Fu Cha

천천히
차를 마시며
낭만을 만끽한다.
길거리에는 차관(茶館)과
차루(茶樓)가 줄을 이어 있고,
뒷골목 찻집에서 한가롭게 공부차를
즐기는 사람들을 흔히 볼 수 있다.

오룡차의 주산지이며 공부차를 즐기는
푸지엔성 및 광동성 지도.

工夫茶

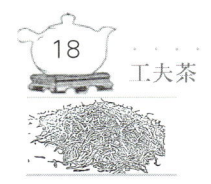 工夫茶

《공부차(工夫茶)인가? 아니면 공부차(功夫茶)인가?》

　　공부차(工夫茶)가 맞는가 아니면 공부차(功夫茶)인가?
　　공부(工夫)와 공부(功夫)는 사해(辭海)에서 같은 단어로 설명하고 있으며 그 뜻은 무슨 일을 할 때 시간과 정력 그리고 공력(工力)이 필요하며 아울러 일정 수준의 소양이 요구되는 것을 말하며, 일이 시간적인 여유 속에서 진행되는 것을 의미한다.
　　권위 있는 사전에서까지도 공부(工夫)와 공부(功夫)는 같은 뜻으로 쓰였고, "공부차(工夫茶)가 맞다와 공부차(功夫茶)가 맞다"라는 논란이 있지만 일반적으로 공부차(工夫茶)로 불린다. 공부차 명칭에 대해서는 세 가지 견해가 있다.

"공부차(工夫茶)가 맞다와 공부차(功夫茶)가 맞다라는 논란이 있지만 일반적으로 공부차(工夫茶)로 불린다."

17세기경 중국에서 수작업으로 차를 만드는 과정의 그림.

1. 공부차의 유래

청나라 때의 채상(蔡爽)이 쓴 《관화휘해편람(官話彙解便覽)》은 저장(浙江)지방 사투리와 표준어를 비교한 사전인데 저장 방언에서 차미(茶米)는 표준어에서는 차, 호차(好茶)는 공부차(工夫茶)로 표시되어 있다. 여기서 공부차는 좋은 차를 의미함을 알 수 있다.

또한 옹정 12년(1734년) 푸지엔 충안현(崇安縣) 현령 육연찬(陸延燦)의 《속다경(續茶經)》 하권 중 차의 산지에 대하여 소개하며 "산상에서 나는 무이차는 암차(岩茶)라고 하고, 계곡에서 나는 차는 주차(州茶)라고하며 암차가 좋고 주차는 다음이다. 암차 중 북산에서 나는 차가 더욱 좋고 남산에서 나는 차는 다음으로 친다. 양쪽 산 특히 바위틈에서 나는 차가 가장 좋고 그것을 공부차라고 한다. 또 공부차는 소종(小種) 차수 이름이라고 소개하고 수량이 많지 않다고 썼다." 여기서 공부차는 차나무 품종이면서 잘 만든 암차를 지칭하는 것을 알 수 있다. 도광(道光)년 간에 양장거(梁章鉅)가 쓴 《귀전쇄기(歸田瑣記)》를 보면 무이암차는 네 가지 구분이 있는데 화향(花香), 소종(小種), 명종(名種), 기종(奇種)이다. 명종차는 산 아래에서는 얻기가 어려우며 대부분 췐조우(泉州) 샤먼(廈門) 사람들이 공부차로 부르는 것이다. 여기서도 공부차는 무이암차 중 품격이 높은 품종을 지칭하는 말임을 알 수 있다.

여러 종류의 차가 많지만 유독 암차만을 "공부차"라 칭하고, 육연찬 《속다경》에서는 왕초당(王草堂)의 《다설(茶說)》

工夫茶

을 인용하여 무이암차의 제조과정을 자세히 소개하고 있다.

"차를 딴 후에 대나무 광주리에 고르게 펴서 바람 부는 곳에 두어 햇볕을 쬐는 것을 쇄청(曬靑)이라 하고, 푸른 빛이 가시면 다시 덖고 약한 불에 건조시킨다. 덖고 열로 건조시키는 것이 무이차를 만드는 독특한 방법이며, 차를 우려내 마실 때 보면 찻잎이 반은 푸르고 반은 붉은데 푸른 빛은 덖을 때 생기는 색이고 붉은 빛은 건조시킬 때 나오는 색이다. 차를 따서 펼쳐 널고 향이 나면 바로 덖는다. 이때 너무 빨라도 너무 느려도 안 되며 덖고 바로 말린다. 다음에 쉰 잎이나 줄기 등을 골라내서 품질을 고르게 한다. 또 석초전(釋超全)의 시(詩)에서,

> 매화 향 같이 그윽하고 난 같이 향기로운데
> 마음은 한가롭고 손은 민첩하고 정성스럽고
> 만들어진 차는 아름다워라.

如梅斯馥蘭斯馨
心閑手敏工夫細
形容殆尽矣.

여기에서도 무이암차의 일련의 제조과정이 시간과 정성을 기울일 뿐만 아니라 또 상당한 수준의 기술을 요함을 알 수 있고 이것이 무이암차를 공부차라고 부르게 된 또 하나의 원인이다. 이렇게 세심하게 잘 만든 무이암차는 공부차라는 이름을 얻었고 명나라 때 이미 명차로 인정을 받았으며, 중국 내에서뿐만 아니라 국외에서도 많은 사랑을 받았다. 17세기 초에는 유럽에까지 수출되었다. 청나라에 와서 차를 마시는 풍습이 널

무이암차는 공부차라는 이름을 얻었고 명나라 때 이미 명차로 인정을 받았으며, 중국 내에서 뿐만 아니라 국외에서도 많은 사랑을 받았다. 17세기 초에는 유럽에까지 수출되었다.

공부차·Gong Fu Cha

리 퍼져 암차는 공급이 수요를 따르지 못하였다. 청나라 가경(嘉慶)년 간에 오면 암차와 비슷한 방법으로 만든 반 발효차 종류를 모두 공부차라고 불렀고 이후 공부차는 반 발효차를 지칭하는 말이 되었다.

(1) 공부차는 품차과정 및 차구의 정교함에서 유래

공부차(工夫茶)는 일종의 품차(品茶)과정을 설명한 것으로 청나라 때 유교(俞蛟)가 쓴 《몽창잡저(夢廠雜著)·권10 조가풍월(潮嘉風月)·공부차(工夫茶)》에서 말하기를,

화로(좌)는 원통을 자른 것 같은 모양으로 높이가 약 1척 2,3촌 쯤이고, 가는 백니(白泥)로 만든다. 자기로 만든 차솥(우)는 무덤의 부장품으로 추정되는데 《다경(茶經)》에서 설명한 것과 일치한다.

진만생(陳曼生)은 본명이 진홍수(陳鴻壽)로 청나라 건륭(乾隆) 가정(嘉靖)년 간에 살았던 인물로 서예와 전각에 뛰어났다. 그와 자사호의 명장 양팽년(楊彭年)이 함께 만든 자사호는 시(詩)와 글씨, 그림, 전각 등이 어울려져 빼어나게 이름답다. 그것은 만생호(曼生壺)로 불리는데 유교(俞蛟)의 글 중에서 설명한 호는 만생호와 비슷하다.

"공부차는 차 끓이는 법이다. 육우(陸羽)의 《다경(茶經)》보다 기구들을 자세하게 설명하고 있다. 화로는 원통을 자른 것 같은 모양으로 높이가 약 1척 2~3촌 쯤이고, 가는 백니

工夫茶

(白泥)로 만든다. 호(壺)는 이싱(宜興)에서 만든 것이 가장 좋고 둥글면서 약간 납작하며 주둥이와 손잡이가 있다. 큰 것은 반 되 정도 들어간다. 잔과 차판은 무늬가 있는 자기가 주로 쓰이며 안과 밖에 산수 인물화를 정교하게 그렸다. 낙관이 없어 제작연대는 고증하기 어렵다. 화로와 차호 그리고 차판이 각각 하나씩이고 잔은 사람 수대로이다. 잔은 조그마하고 둥글다. 그 외에 솥, 종려로 만든 방석, 부채, 대나무 집게 등이 필요하며 모두 순박하면서도 아름답게 만들어졌다. 차호, 차판, 잔은 오래된 것이 더 좋고 귀하게 친다. 우선 솥에 물을 준비하여 탄(炭)을 이용해 끓인다. 물이 처음 끓으면 차호에 민차(閩茶)를 넣고 끓는 물을 붓고 뚜껑을 닫는다. 그 위에 돌려가며 뜨거운 물을 붓고 나서 잔에 따라 천천히 마신다. 맛이 향기롭고 목을 넘어가면 매화향보다 맑고 진하며, 조용히 천천히 마셔야 그 풍미를 느낄 수 있다."

유교(兪蛟)의 《공부차》에 대한 최대 공헌은 육우가 《다경》에서 설명한 전다법(煎茶法)과 조주포다법(潮州泡茶法) 사이의 전승관계를 잘 나타낸 "공부차" 역사상 한 획을 긋는 중요한 저술이다.

(2) 공부차는 차 끓이는 기법

위의 문장에서 명백히 알 수 있는 것은 "공부차"가 일종의 "차 끓이는 기법"이라는 사실과 아울러, 당시의 음차풍속도를 알 수 있다. 특히 정교한 차 끓이는 기구가 주목되는데, 화로(泥爐), 솥(瓦鐺), 자사호, 무늬 있는 작은 자기 잔, 차판 그리고 차호 받침, 부채, 목탄을 집는 대나무 집게 등이다. 차는 무이암차를 숭상하였고, 또한 차를 넣고 우리고 차호 밖에 뜨거운 물을 붓고 차를 잔에 따라 품차(品茶)하는 일련의 과정이 잘 설명되어 있다.

공부차 · Gong Fu Cha

　유교(兪蛟)의 《공부차》에 대한 최대 공헌은 육우가 《다경》에서 설명한 전다법(煎茶法)과 조주포다법(潮州泡茶法) 사이의 전승관계를 잘 나타낸 "공부차(工夫茶)"로 역사상 한 획을 긋는 중요한 저술이다.

　최초로 공부차의 다구 및 포다법(泡茶法)을 언급한 것은 원매(袁枚)의 《수원식단(隨園食單)》중 《차주단·무이차(茶酒單·武夷茶)》에서 "본래 나는

제백석(齊白石)의 자다도(煮茶圖).

무이차가 약같이 써서 싫어했는데 병오년 가을에 무이산에 유람가서 만정봉(曼亭峰), 천유사(天游寺) 등을 들렸다. 승려와 도인들이 차를 내는데 잔은 호도만 하고 호의 크기는 귤만 한데 한번 따르는 양이 한 냥이 못 되었다. 입에 머금고 삼키지 않고 먼저 향기를 맡고 다음에 맛을 보면서 천천히 음미하고 채득하였다. 과연 맑은 향이 가득하고 입안에 단맛이 고였다. 한 잔 마시고, 두 잔, 세 잔, 마시니 갈증이 가시고 피로가 풀리며 즐거움이 솟아났다. 느끼기에 용정차가 비록 맑으나 맛이 무이차만 깊지 못하고, 양선차(陽羨茶)2)가 비록 좋으나 뒤에 남

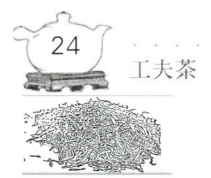
工夫茶

는 여운은 무이차에 미치지 못한다. 옥과 수정이 모두 아름답지만 그 품격이 다른 것과 같다. 세 번을 우려마셔도 그 맛이 아직 여전한 것이 정말 무이차의 명성이 세상에 울릴만 하다."

여기서 설명하고 있는 작은 잔, 작은 크기의 차호를 이용하여 천천히 음미하면서 무이차를 마시는 것이 현재의 공부차와 크게 다르지 않다. 다만 원매(袁枚)의 이 글 중에는 공부차를 직접 언급한 것은 없고 무이차 만을 언급하고 있다.

(3) 공부차(工夫茶)의 정의

공부차는 차종(茶種)에서 또한 다예(茶藝)에서 그 명칭이 유래한 것을 알 수 있다.

종합적으로 보면 공부차는 차종(茶種)에서 또한 다예(茶藝)에서 그 명칭이 유래한 것을 알 수 있다. 청나라 때 문인 기천(寄泉)의 《접계외사(蝶階外史)》에서 공부차를 언급하면서 "공부차는 푸지엔에서 제일 성하고, 차는 무이산에서 생산된다"라고 했고 또 차를 끓이고 차를 마시는 방법도 언급했다. 어떻든 모두 공부(工夫)라는 단어를 쓰고 차를 끓이고 마시는데 시간을 소비하고 기술이 있어야 하고 정성을 기울인다고 설명하고 있어 일반 사람들이 아는 공부차와 상통한다.

이런 여러 가지 공부차에 대한 문헌에서 모두 "공부차(工夫茶)"로 표시했고 "공부차(功夫茶)"로 표시한 것은 없다. 따라서 공부차는 역시 "공부차(工夫茶)"가 맞다.

---

2) 양선차(陽羨茶) — 장수성(江蘇省) 이싱(宜興) 남부 타이화, 밍링 등지에서 생산되는 초청녹차. 이싱을 옛날 양선이라고 불렸음. 당나라 때부터 유명한 차 산지로 노동, 소동파 등이 양선차를 칭찬한 시가 있고 오랫동안 중단되었다가 1984년부터 다시 연구하여 생산된다.

공부차·Gong Fu Cha

2. 공부차의 뿌리

(1) 중국 차 문화사

중국의 윈난(云南)성이 세계 차나무의 원산지이자 발원지로 알려져 있고, 아울러 중국이 차의 고향이라는 데에 대해서는 반론하는 사람은 없다. 전해 오는 이야기에 의하면 신농(神農)이 온갖 약초를 맛보며 사람들이 사용할 수 있는 약초를 찾아냈는데, 하루는 72가지 독(毒)에 중독되어 괴로워하다가 차를 마시고 해독이 되었다. 이런 이야기는 고증할 수는 없지만 분명한 것은 중국인들의 선조가 매우 오래 전부터 차를 알고 이용했다는 것을 알 수 있다. 그리고 기나긴 역사의 흐름 속에서 차나무는 키가 큰 교목(喬木)에서 관목(灌木)으로 변해 갔고, 야생에서 재배작물로 변하면서 그 재배면적이 넓어졌다.

차나무의 기원은 중국의 서남부로 원래 교목이었으며 현재도 그 지역에는 상당수의 교목이 자라고 있다.

동남 계절풍의 영향을 받는 지역에서는 관목으로 변해가는 과도기적인 소교목형(小喬木型) 차나무가 자라고 있다.

위도가 높고 건조한 지역에서는 사람들이 키가 작은 관목형을 선발 재배하여 그 방향으로 변해갔다. 보통 1.5~3m 크기이다.

 工夫茶

최초에 사람들은 차를 채소처럼 먹었다. 《안자춘추(晏子春秋)》에 보면 제국(齊國)의 명재상 안영(安嬰)이 제 경공(齊景公) 아래서 국상(國相)으로 일하고 있을 때, "거친 곡식으로 밥을 해 먹고 날 짐승 두세 마리와 알 몇 개 그리고 명(茗)으로 나물을 만들어 먹었다"라는 구절이 있다. 학자들은 여기에 나온 명(茗)을 차로 여긴다. 또 진(晋)나라의 곽박(郭璞)의 《이아 주(爾雅 注)》에서는 "차, 치자 비슷한 크기인데 겨울에도 푸르고 잎은 국으로 끓여 먹을 수 있다"라고 기록되어 있다. 이것으로 보면 차로 나물을 만들거나 국을 끓여 먹었음을 알 수 있다.

차는 처음에는 채소로 먹었고 나중에 음료로 변화했지만, 차를 마시지 않고 먹는 습관도 어느 일부분에서는 사라지지 않고 계속되었다. 그러나 차를 반찬으로 국으로 먹는 것은 시대의 흐름에 따라 큰 변화를 가져왔다.

송나라 조길(趙佶)의 문회도(文會圖)로 다연(茶宴)을 잘 묘사한 그림이다.

공부차 · Gong Fu Cha

또한 《진서(晋書)》에서는 "오나라 사람들은 차를 끓여 먹는데 이것을 차죽이라 한다"라는 기록을 찾아 볼 수 있다. 차로 죽을 끓여 먹는 풍습은 당나라 때까지 전해 내려와 현종시대 시인 저광의(儲光義)의 시 《흘명죽작(吃茗粥作)》에 오랫동안 차죽을 먹고 고사리를 함께 먹었다는 구절이 있다.

이처럼 차를 나물로 먹는 습관은 지금도 일부 소수 민족의 생활 속에 남아 있다. 윈난성(云南省) 시쌍반나주(西雙版納州)에서 생활하는 기락족(基諾族)은 양반차(凉拌茶)를 즐겨 먹는다. 양반차는 바로 딴 신선한 찻잎을 주 재료로 하고 거기에 오이 잎과 마늘, 소금 등을 넣고 주무르고 비벼서 만든다. 태족(傣族)과 포랑족(布郎族)은 엄차(腌茶)를 만드는 전통이 있다. 그 만드는 방법은 소금에 절이는 것인데 절여지면 그냥 먹기도 하고 소금이나 산초 등과 함께 반찬으로 먹는다.

차는 처음에는 채소로 먹었고 나중에 음료로 변화했지만, 차를 마시지 않고 먹는 습관도 어느 일부분에서는 사라지지 않고 계속되었다. 그러나 차를 반찬으로 국으로 먹는 것은 시대의 흐름에 따라 큰 변화를 가져왔다. 당나라에 오면 불교의 사원이나 도교의 도관에서 차를 즐겨 마시면서, 차를 요리나 식품으로 먹는 것보다 마시는 풍습이 성행했다. 송나라로 넘어오면 각종 다회(茶會)와 다연(茶宴)이 성행했다. 다연은 품명회(品茗會)와 다과연(茶果宴) 및 다회(茶會) 세 가지로 나눌 수 있다. 그 중 다회는 차와 식사, 그리고 과일 등을 같이 준비하는 정식 다연이다. 청나라에 이르면 다연의 풍속이 황실에까지 전해 졌으며, 이 때에 오면 다연은 차만 마시는 것이 아니

라 차를 이용한 각종 맛있는 요리들이 같이 준비되었다. 몸에도 좋고 독특한 맛이 있는 차 요리는 사람들에게 환영받았다. 청나라 때 서가(徐珂)가 쓴 《청패류초(淸稗類鈔)》에는 당시 사람들의 차를 이용한 요리를 자세히 소개하고 있다.

이처럼 차를 식용으로 이용했던 시기는 상당히 오랫동안 지속되었는데, 그러면 언제부터 차가 중국인들에게 중요한 음료로 사용되었는지는, 청나라 초기의 학자 고염무(顧炎武)의 《일지록(日知錄)》에 "진(秦)나라가 촉(蜀)을 취한 후에 차 마시는 일이 시작되었다"라는 구절에서 확인할 수 있다. 고염무의 진나라가 촉(蜀)을 합병한 후에 차 마시는 풍속이 중국 여러 지방에 전파되었다는 주장은 현재 대부분의 학자들이 동의하고 있다. 그래서 흔히 "파촉(巴蜀)이 중국 차 문화의 요람이다"라고 한다.

진나라 이후 한나라 시대에 이르면 차에 관한 신뢰할 만한 기록들이 나타난다. 서한(西漢) 초 양웅(楊雄)이 저술한 《방언(方言)》에는 "촉(蜀) 서남인은 차를 설(蔎)이라 한다"라는 기록이 있고, 사마상여(司馬相如)가 지은 《범장(凡將)》에 보면 천차(荈茶)라는 기록이, 왕포(王褒)의 《동약(僮約)》에는 "무양매차(武陽買茶: 무양에 가서 차를 사고) 팽도진구(烹茶盡具: 차를 끓이고 다구를 씻을 것)"라는 구절을 볼 수 있다. 위의 세 사람 모두 서한 시대에 촉 지방에 살았던 저명한 학자들이다. 전문가들의 연구에 의하면, 한대(漢代)에 차는 이미 상품으로 발전하였으며, 파촉(巴蜀)은 당시 전국의 차 교역 중심지였고 차 마시는 풍습은 사천 지방 일대에서 성행하

> 진나라가 촉(蜀)을 합병한 후에 차 마시는 풍속이 중국 여러 지방에 전파되었다는 주장은 현재 대부분의 학자들이 동의하고 있다.

공부차·Gong Fu Cha

였다. 특히 상류층에서 성행하였다. 한대(漢代)의 차 마시는 일에 대한 것은 고고학적으로도 확인이 되고 있는데 예를 들면 장사(長沙) 마왕퇴(馬王堆)의 한묘(漢墓), 호북(湖北), 강릉(江陵), 마산(馬山)의 서한(西漢) 묘군(墓群)에서 상자에 보관된 차가 발견되었다. 그럼에도 불구하고 한나라 시대의 차 마시는 방법은 여전히 차로 국을 끓여 먹는 방법을 벗어나지는 못했다. 삼국시대의 장읍(張揖)의 《광아(廣雅)》에는 "차를 마실 때는 먼저 차가 빨갛게 되도록 구운 다음 찧어 가루로 만들고 그 가루를 자기그릇 속에 넣고 끓는 물을 붓고 뚜껑을 닫고 그리고 생강, 파, 귤 등을 섞어 끓인다." 이 글에서 우리는 차를 국처럼 끓여 먹는 풍습의 흔적을 살펴 볼 수 있다.

위진남북조(魏晉南北朝) 시대에 오면 파촉의 차 마시는 풍속은 육로로 섬서(陝西) 지방에 전해 졌으며, 강을 따라 당시

| 마왕퇴에서 출토된 "가사(槚笥)"라는 글씨가 있는 죽간(竹簡). 차를 담는 상자에 쓰여진 것으로 추정(槚는 茶 즉 쓴 차의 뜻이다.) | 한나라 시대 원시적인 자기로 만든 부뚜막. 여기서 덩어리 차를 굽고 그것을 끓여 마셨을 것이다. | 한대 청동으로 만든 주둥이가 넓은 솥(釜). 진한 시대는 차를 음용하기도 하고 국으로 끓여 먹기도 한 시기로 차를 끓일 때 이런 솥을 사용하였을 것이다. | 한대 청자완(青瓷碗). 자기 표면에 담청색 유약이 발라진 중국 초기(早期)자기의 전형으로 당시에 식기로 사용했으며 차도 마셨을 것이다. |

工夫茶

신의(神醫) 화타(華佗, 약 145~208년).

동주(東周)의 정치 경제의 중심지인 하남(河南)으로 전해지고 그리고 전국시대의 정치 경제의 중심지인 안휘(安徽), 산둥(山東) 일대로 퍼져갔다. 동시에 수로를 따라서 장강(長江) 유역으로 그리고 동정호 일대, 구강(九江)과 강서성 일대로 다시 푸지엔(福建)으로 전파되었다. 동한 말에서 삼국시대에 걸쳐 살았던 유명한 의사 화타(華佗)는 그가 쓴 《식론(食論)》에서 "차를 오래 마시면 생각이 깊어진다"고 했는데 이는 당시 사람들이 이미 차의 유익한 점을 잘 알고 있는 것을 설명한다. 화타는 하남(河南)의 동부, 산둥의 서부, 서주(徐州), 염성(鹽城), 양주(揚州)일대를 다니며 의술을 펼쳤고 그는 다니면서 이 지역 일대에 보편화된 차 마시는 풍속을 보았을 것이다. 도잠(陶潛)의 《속 수신기(續 搜神記)》에는 "진(晋) 무제(武帝) 사마염(司馬炎) 때에 선성(宣城) 사람 진정(秦精)은 늘 산에 들어가 명(茗: 茶)을 땄다"는 글이 있다. 또 남조 송(宋)나라 사람 산겸지(山謙之)는 그의 글 《오흥기(吳興記)》에 "오정현(烏程縣) 서쪽 20여 리에 온산(溫山)이 있는데 어차(御茶・御荈)가 난다"라는 기록을 남겼다. 이런 기록들에서 우리는 기원전 3세기 전후에 이미 장강(長江) 중하류 지방에서 차를 재배하고 차를 마시는 풍속이 퍼져있는 것을 확인할 수 있다. 이 시기의 차 마시는 방법은 상당히 거칠어서 국처럼 그냥 끓여 마신 것 같다. 아직은 전문적으로 차를 섬세하게 끓여 마시지는 않았고, 다구도 전문적인 다구보다는 일반 솥에서 끓여 밥 먹는 사발에 따라 마셨다.

공부차·Gong Fu Cha

당나라 시대의 그림 궁락도(宮樂圖)의 일부분. 당나라 시대 궁정에서 소비되는 차는 그 양이 빠르게 늘어갔으며 당시의 많은 시와 문장 등에서 황제와 궁녀 등이 차를 즐기는 광경을 묘사하고 있다. 이 그림은 당시 궁녀들이 모여 차 마시는 광경을 그린 것이다. 호화롭고 긴 탁자 위에 찻잔이 놓여있고 탁자 중간에는 끓인 찻물을 담아둔 큰 그릇이 있고, 한 궁녀가 잔에 차를 따르고 있다. 어떤 궁녀는 차를 마시고 있고 어떤 궁녀는 피리를 연주하고 있다. 전체적인 분위기가 온화하면서도 화려하고 즐겁고 편안하다.

工夫茶

工夫茶

다선일미(茶禪一味)

불가에서 전해오는 이야기로 달마선사(達摩禪師)가 인도에서 중국으로 들어와 9년 동안 잠자지 않고 참선수행 할 것을 서원했는데 처음 3년은 서원대로 잠자지 않고 참선하였으나 3년 후 어느 날 견디지 못하고 잠에 빠지고 말았다. 달마는 깨어나자 부끄럽고 분해서 눈꺼풀을 베어내어 뜰에 던져버렸다. 얼마 후 눈꺼풀이 떨어진 자리에서 작은 나무 한 그루가 나오더니 잎과 가지가 무성하고 생기가 넘쳤다. 그 후 5년은 늘 또렷하게 깨어 정진하였으나 마지막 1년은 수마(修磨)의 공세에 시달렸다. 달마는 잠이 밀려들면 그 나뭇잎을 따서 먹었고 나뭇잎을 먹고 나면 잠이 달아나고 머리가 맑아졌다. 그리하여 서원했던 9년간의 선정을 마칠 수 있었으며, 그때 달마가 따서 먹었던 나뭇잎이 차라고 한다. 이 이야기는 비록 전설이지만 차와 불교와의 관계를 반영한 역사적인 이야기라고도 할 수 있다. 선종에서는 깨달음을 중요시하는데, 품차(品茶) 또한 개개인의 체득(體得)을 중요시한다. 부처님이 "염화미소(拈花微笑)"로 가섭과 서로 교통한 것처럼 마음으로 전할 수는 있지만 말로는 전할 수 없다. 이것은 또한 조주(趙州) 스님의 공안(公案)인 "끽다거(喫茶去): 차나 마시고 가게)"와도 통한다.

당나라 때 심선사(諗禪師)는 조주 관음사(觀音寺)에 주석하였는데 사람들은 그를 조주 화상(和尙)이라 불렀다. 어느 날 두 명의 승려가 조주화상을 찾아왔는데 조주화상이 그들에게 묻기를 "너는 전에 이 선원에 온 적이 있느냐?" 승려가 대답하기를 "온 적이 있습니다"라고 하자 조주화상은 바로 "끽다거"라고 말씀하셨다. 다시 나머지 한 승려에게 같은 물음을 하니 그 승려는 대답하기를 "처음 왔습니다"라고 대답했다. 그러자 스님은 역시 "끽다거"라고 말씀하셨습니다. 그 때 옆에 있던 원주스님이 이해가 되지 않아 스님께 여쭙기를 "스님께서는 왜 전에 온 적이 있는 사람도 '끽다거'라 하시고 처음 온 사람에게도 '끽다거'라고 하십니까?" 하니 스님께서 답하시기를 '너도 차나 한 잔 마시고 가라'고 하셨다.

공부차 · Gong Fu Cha

  서진(西晉) 좌사(左思)의 교녀시(嬌女詩)에는 "차 끓이는데 마음이 조급해서 화로(鼎鑼)에 입을 대고 불었네."
  여기에 나오는 정력(鼎鑼)은 다리가 세 개이고 양쪽에 귀가 달린 일종의 식용기구이다.
  800여년의 전쟁과 분열의 시대가 지나가고, 통일 국가를 이룬 당나라 시대가 왔다. 당나라는 봉건사회가 바야흐로 꽃 피우던 시기로, 교통이 발달하였으며 차 마시는 풍속도 북쪽 지방까지 전래되었다. 당 태종에서 현종에 이르는 120년 동안은 사회가 안정되고 경제가 발달하였으며 문화도 크게 융성하였다. 이런 사회적 배경 아래서 차를 심고 재배하는 풍습은 기후적으로 차를 재배하기에 적당한 지역에 널리 보급되었고 차 산업도 발전했다. 사람들은 이런 물질적인 안정을 기반으로 하여 일상적인 생활에서 벗어나 정신적인 만족과 예술적인 아름다움을 추구하게 되었다. 차 마시는 방법도 이전의 그냥 끓여 마시는 단계를 지나 달여서 그 맛을 음미하는 시대로 들어왔다.
  당나라 때에 관리를 선발하는 중요한 수단은 과거제도이며 선비들의 목표는 과거에 급제하는 것이었다. 차를 마시면 잠을 쫓고 머리를 맑게 하며 생각을 집중시킨다. 이런 차의 이점을 문인학사들은 잘 알았다. 더구나 당대(唐代)에는 선종이 크게 유행하였는데, 선종은 참선을 하여 깨달음에 이르는 것이 중요시 되었고 좌선을 할 때 잠을 쫓는 차는 다른 것과 바꿀 수 없는 음료가 되었다. 승려들이 차를 마시는 과정에서 다도와 불교 간에 내포된 사상적인 공통점을 확인하였다. 이를 깨달은 고승은 그 도리를 "다선일미(茶禪一味: 32쪽 참조)"라는 한 구절로

표현했다.

    승려 대중들의 일상생활에서 필요한 차와 손님 접대용 차를 준비하기 위해서 사원에서는 직접 차밭을 만들었다. 과거에는 거의 유일하게 사원이 차를 만들고 차 문화를 연구 발전시키는데 유리한 조건을 갖고 있어서 사원에서 좋은 차들이 많이 만들어 졌다. 그래서 "유명한 절에는 유명한 차가 있다"라는 말이 생겨났다.

    당 중기에 오면 문인, 예술가들이 다투어 차를 노래했고 이는 "문사차(文士茶)"라는 한 줄기 흐름을 형성했다. 강서성 홍주 백장산에 절을 세운 회해선사(懷海禪師: 720~814년)는 《백장청규(百丈淸規)》를 만들어 사원에서의 규율을 자세하게 정했는데 여기에 차에 관한 일도 들어 있다. 이렇게 사원다도(寺院茶道)는 크게 발전했다. 아울러 문인, 학사, 고승들의 영향을 받으며 차 문화는 발전하였다.

    당나라 봉연(封演)의 《봉씨문견기(封氏聞見記)》를 보면 당시의 풍속을 엿볼 수 있는데, "학승들은 애써 눕지 않고 수행하며 저녁밥도 먹지 않는데 차 마시는 것은 허용되었다. 사람들은 차를 가지고 다니며 어디서든지 끓여 마셨으며 이를 모방하여 차 마시는 풍속이 일어났다.", "옛 사람들도 차를 마셨지만 지금 사람들처럼 탐익하지는 않았다. 지금 사람들의 풍속은 낮이 다하고 밤이 새도록 마신다. 이 풍속은 중원에서 시작하여 변방까지 흘러갔다." 이런 시대적인 배경 아래서 육우(陸羽)는 수년간의 노력으로 다도의 이론적인 기초를 정립한 세계 제일의 다서인 《다경(茶經)》을 저술하였다.

《다경》은 당나라 및 당나라 이전의 차에 관한 과학적 지식과 실재적인 경험을 체계적으로 정리한 중국다도의 원전이다. 송나라의 진사도(陳師道)는 《다경》서문에서 "대체로 차에 관한 책은 육우(陸羽)에서 시작되었으며 그것을 이용한 것도 육우로부터이다. 육우는 차에 대해 큰 공을 끼친 분이다"라고 칭송했으며 후세 사람들은 그를 "다신(茶神)"으로 추앙했다.

육우(陸羽)의 《다경(茶經)》 영인본.

다경에서는 당나라 때의 차를 거친 차(粗茶), 산차(散茶), 말차(末茶), 병차(餠茶) 네 가지로 구분하고 각각의 제조방법을 설명하였다. 그리고 네 가지 중에서 병차가 가장 귀하게 취급받으며 널리 이용되었다. 아울러 자다법(煮茶法 — 솥에 차를 넣고 끓여 마시는 법) 외에 포다법(泡茶法 — 차를 우려 마시는 방법)과 전다법(煎茶法 — 끓는 물에 차 가루를 넣어 거품을 내어 마시는 방법)을 소개했다.

《다경(茶經)·육지음(六之飮)》을 보면 "마시는 차의 종류는 거친 차(粗茶), 산차(散茶), 말차(末茶), 병차(餠茶)가 있는데, 마실 때는 그것을 쪼개고(斫), 끓이고(熬), 굽고(煬),

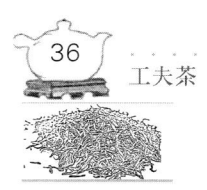

工夫茶

절구질(舂)한 후에 병이나 항아리에 넣어 뜨거운 물을 부어 마시는 것을 암차(庵茶)라 한다." 여기서 우리는 마시는 차의 종류는 거친 차, 산차, 말차, 병차 등의 네 종류가 있는 것을 알 수 있다. 그리고 거친 차는 쪼개고, 산차와 말차는 솥에 넣어 끓이며 병차는 갈개로 갈아서 가루로 만드는 것을 알 수 있다. 어떤 차든지 병이나 주둥이가 작고 몸통이 큰 항아리에 넣고 뜨거운 물을 부어 마시는 것을 암차(庵茶)라고 한다. 암(庵)은 엄(淹)과 같은 뜻으로 암차(庵茶)는 끓는 물을 부어 우려 마시는 것이다. 이렇게 우려 마시는 방법은 간단하고 편리하여 당시 민간에 크게 유행하였다. 옛날 글자 자(煮)와 전(煎)은 그 뜻이 비슷하여 보통 서로 통용된다. 그러나 당나라 시대의 전다법(煎茶法)은 육우가 만든 차 끓여 마시는 방법으로 이전의 자다법(煮茶法)과는 구별된다. 육우가 《다경》에서 제시한 전다법(煎茶法)은 차 문화의 새로운 물길을 열었다.

전다(煎茶)는 그 과정이 상당히 복잡하고 여러 가지 전문적인 기구가 필요하다. 그 과정은 비기(備器: 기구를 준비함), 자다(炙茶: 차를 굽고), 연라(碾羅: 차를 갈고 체로 친다), 택수(擇水: 물을 선택하고) 취수(取水: 물을 떠서), 후탕(候湯: 물이 끓는 것을 기다려), 전다(煎茶: 차를 끓여), 작다(酌茶: 잔에 나눠), 철음(啜飮: 마신다).

비기(備器) 기구를 준비: 차를 끓여 내는 데는 24가지 기구가 필요한데, 중요한 것은 풍로(風爐), 솥(鍑), 갈개(碾), 체(羅: 대나무를 구부려 둥글게 만들고 바닥에 비단을 대서 가루를 걸러 낼 수 있게 만든 것), 표주박(瓢), 사발(碗) 등이다.

진차를 끓여 내는 데는 24가지 기구가 필요한데, 중요한 것은 풍로, 솥, 갈개, 체, 표주박, 사발 등이다.

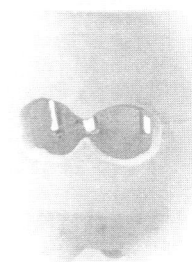

공부차 · Gong Fu Cha

자다(炙茶: 차 굽기)

숯불에 병차를 굽는다. 굽는 것은 차를 잘 건조시켜 갈개에서 잘 갈아지게 하기 위함이고 또 차에 남아 있는 풀냄새를 없애고 차의 구수한 맛을 살리기 위함이다.

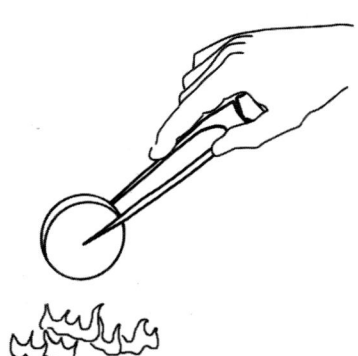

대나무 집개로 병차를 집고 약한 불 위에서 천천히 말리듯이 굽는다. 잘 구워지면 차가 부풀어 오르고 약간 구부러진다.

연라(碾羅: 갈개와 체)

잘 구워진 병차는 식기 전에 두꺼운 종이 주머니에 넣어 향기가 날아가지 않게 한다. 병차가 식으면 절구에 넣고 갈아 가루를 만든다. 차 가루를 다시 체로 쳐서 고운 차 가루를 얻는다.

 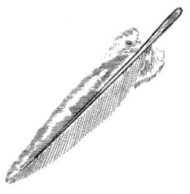

병차가 식으면 차 갈개(좌)에 넣고 간다.
갈아진 차를 새털로 만든 가루털이(우)로 쓸어 모아서
라합(羅合: 체로 거른 차를 받는 둥근 상자)에 담는다.

工夫茶

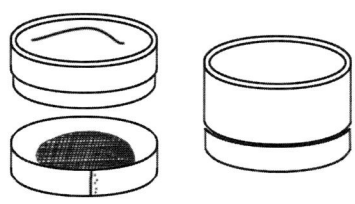

라(羅)는 체로, 가는 비단을 팽팽하게 테에 부착하여 차 가루를 걸러 낸다. 합(合)은 둥근 상자로 걸러진 차 가루를 받는 용기이다.

육우(陸羽)는 풍로(風爐)와 솥을 스스로 설계했다. 풍로는 옛날 솥처럼 생겼는데 다리가 세 개이고 세 발 사이에 구멍을 세 개 만들었다. 풍로 바닥에도 구멍을 만들어 공기가 통하고 재를 털어 낼 수 있게 했다.

택수(擇水, 選水)

차를 달이는 물은 산수(山水)를 쓰는 것이 상등품이고 강물 중등, 우물물이 하등이다. 산수 중에서도 젖샘이나 바닥이 돌로 된 연못에서 천천히 흐르는 물이 으뜸이고, 강물은 사람들이 사는 곳에서 멀리 떨어진 곳에서 취하며, 우물물은 사람들이 많이 기르는 것을 취한다.

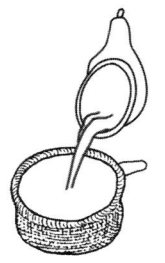

표주박으로 물을 떠서 녹수낭(漉水囊: 물을 거르는 자루)으로 걸러서(좌) 거른 물을 수방(水方: 물통)(우)에 붓는다.

취화(取火: 병차를 구울 때 사용하는 연료)
《다경(茶經)》에서는 "병차를 구울 때 사용하는 연료로는 숯을 쓴다. 그 다음으로는 장작(장작은 뽕나무, 오동나무, 홰나무 등이 좋다)을 쓴다. 그 숯은 고기를 구워 기름기가 스며들어 잡냄새가 나거나, 진이 있어 그을음이 나는 나무, 패기(敗器)는 쓰지 않는다. 그을음이 나는 나무는 잣나무, 계수나무, 전나무 등을 말한다. 패기는 썩고 부스러진 목기(木器)를 말한다."
《당재자전(唐才子傳)》권6 이약(李約)의 "증수객전다법(曾授客煎茶法)에서는: 차는 반드시 약한 불(緩火)에서 굽고, 센 불(活火)에서 끓이며 함부로 끓지 않도록 한다"라고 했는데 여기서의 약한 불(緩火)는 문화(文火)라고도 하며 센 불(活火)은 불꽃이 보이는 불을 말하며 무화(武火)라고도 한다.

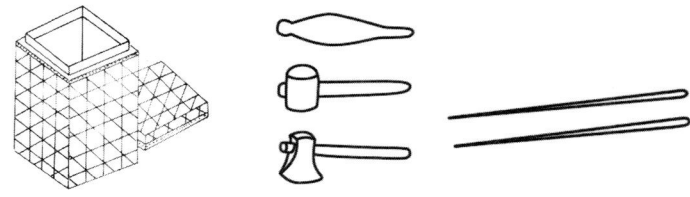

숯을 담는 광주리(좌), 숯 쪼개기(炭撾): 몽둥이 모양이나 망치나 도끼 모양으로 만들어 탄을 쪼갤 때 쓴다(가운데). 부젓가락(火筴, 火筯子): 철이나 동으로 만들어 탄을 집는데 쓴다(우).

후탕(候湯: 물 끓이기)
육우(陸羽)는 풍로(風爐)와 솥을 스스로 설계했다. 풍로는 옛날 솥처럼 생겼는데 다리가 세 개이고 세 발 사이에 구멍을 세

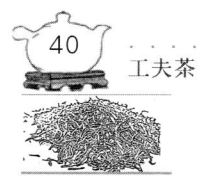

개 만들었다. 풍로 바닥에도 구멍을 만들어 공기가 통하고 재를 털어 낼 수 있게 했다. 솥은 조금 작으며 가장자리가 넓고 중심 부분이 길다. 양 옆에는 네모난 손잡이가 있다. 《다경》에서는 "물고기 눈 모양의 거품이 나고 약하게 물 끓는 소리가 나기 시작하면 첫 번째 끓음 일비(一沸), 솥 가장자리에 샘물 솟아오르는 것처럼 뽀글뽀글 끓어오르면 두 번째 끓음 이비(二沸), 그리고 물 끓는 것이 파도치듯 하고 북치는 소리 나는 듯하면 세 번째 끓음 삼비(三沸)이다"라고 하였다.

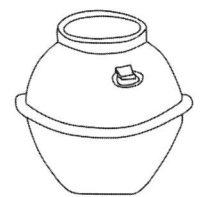

솥(鍑): 제련된 철로 만들고 찻물 끓이는 용도로 쓴다(좌).
풍로(風爐): 철이나 동으로 만들고 옛날 솥처럼 생겼는데 불을 피울 때 쓴다(우).

《다경》에서 말하기를 "정말로 맛있는 차는 세 잔이며, 그 다음은 다섯 잔이다."

전다(煎茶: 차 끓이기)

물이 끓기 시작하면(一沸) 소금을 넣어 간을 맞춘다. 이비(二沸)에 물을 한 표주박 떠내고(식혀 준비한다) 대나무 젓가락으로 끓는 물의 중심을 저으면서 적당량의 차 가루를 물의 중심에 넣는다. 바로 물이 거품을 일으키며 끓어오르면 미리 표주박으로 퍼내서 식혀 준비해 둔 물을 부어 기세를 갈아 앉게 하는데, 이는 차탕의 정화(精華)를 기르기 위함이다. 정화

(精華)는 차탕 표면에 만들어진 거품을 말하는데, 작고 엷은 거품은 말(沫), 크고 두꺼운 거품은 발(餑), 잘고 가벼운 거품은 화(花, 華는 花와 같은 뜻)라 한다. 말(沫)의 모양은 대추꽃 같고 부평초(浮萍草) 같으며 솜털 구름 같다. 그리고 발(餑)의 모양은 이끼 같고 국화꽃 같으며 눈이 쌓인 것 같다.

소금주걱(揭): 대나무나 금속으로 만들어 소금을 떠낼 때 쓴다(좌).
소금단지(鹾簋): 소금을 담는 자기 단지(가운데).
차 숟가락(則): 차 가루 양을 계량하는 숟가락(위).

작다(酌茶: 차 따르기)

차탕이 끓으면 거품 위에 생긴 흑운모(黑雲母)같은 그을음을 제거한다. 그을음이 들어가면 맛이 바르지 않기 때문이다. 처음 떠낸 찻물을 준영(雋永)이라 하는데, 준영은 마시지 않고 식힘 그릇(熟盂)에 담아 찻물의 온도를 낮추고 거품을 살리는데 쓴다. 그리고 첫 번째 주발, 두 번째 주발, 세 번째 주발을 차례로 떠내는데 거품이 많은 준영이 가장 맛이 있다. 네 번째 다섯 번째 주발은 일반적으로 마시지 않는다.

《다경》에서 말하기를 "정말로 맛있는 차는 세 잔이며, 그 다음은 다섯 잔이다." 보통 물을 한 되 끓이면 다섯 주발 정도

의 차가 나오는데, 좋은 차는 첫 번째, 두 번째, 세 번째 잔까지이고, 조금 미흡한 차가 네 번, 다섯 번째 차이다.

숙우(熟盂: 식힘 그릇) 도자기로 만들며 끓는 물을 떠 두었다가 거품을 살리는데 쓴다(좌). 다완(茶碗): 차를 따라 마신다(위).

송나라의 차 마시는 방법은 전기에는 전다법(煎茶法)과 점다법(点茶法)이 같이 사용되다가 후기에 오면 점다법 위주로 변화하는데 두 가지 다 당나라 시대부터 있어 온 것들이다.

철음(啜飮: 차 마시기)

차탕을 표주박으로 떠서 다완에 따라서 따뜻할 때 마신다. 이것은 흐리고 탁한 물질은 갈아 앉고 정화(精華)는 위로 뜨기 때문이며, 또 식으면 정영(精英)이 사라진다. 전다법(煎茶法)으로 차를 끓여 마실 때 상황에 따라서는 솥이나 풍로 등 일부 기구는 생략할 수 있고, 새로 만든 병차의 경우는 굽지 않고 바로 갈아서 쓴다.

송나라 시대의 차 마시는 방법은 당나라 시대의 방법과 비교하면 상당한 변화가 있는데, 이 시대에 오면 전다법(煎茶法)은 점점 사라지고 점다법(点茶法)이 주류를 이루기 시작한다. 남송시대에 오면 점다법이 더욱 유행한다.

송나라의 차 마시는 방법은 전기에는 전다법(煎茶法)과

점다법(点茶法)이 같이 사용되다가 후기에 오면 점다법 위주로 변화하는데 두 가지 다 당나라 시대부터 있어 온 것들이다. 따라서 차 마시는데 사용되는 기구들은 당나라 시대의 그것들과 거의 비슷하다. 다만 전다용(煎茶用) 솥은 차츰 점다용(点茶用) 병(瓶)으로 대체되었다.

송나라 사람들이 사용했던 음다기구(飮茶器具)는 당나라 사람들이 사용했던 음다기구에 비해서 수량이나 종류가 많지는 않지만 더욱 법도를 중시하고 정교하게 만들었다. 특히 찻잔(盞)이나 물을 담는 호(壺)나 차를 굽는데 사용하는 꼬지(鈐) 등은 그 재질도 좋아지고 훨씬 정교하게 만들어졌다.

송나라의 점다법(点茶法)은 자다(炙茶: 차 굽기), 연라(碾羅: 가루로 만들고 체로 치고), 물을 끓여서, 잔을 덥히고, 차 가루를 물을 조금 부어 이겨서, 뜨거운 물을 부어 풀어 마시는 순서이다.

자다(炙茶: 차 굽기)

차병(茶餠)을 만들어 오래두면 향이 변한다. 그래서 우선 깨끗한 용기에 뜨거운 물을 붓고 거기에 담갔다가 꺼내서 표면에 굳은 차 기름이 말라붙은 것 등을 긁어내고 꼬지에 꿰어 약한 불에 굽는다.

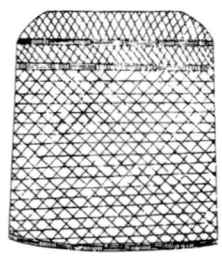

차병(茶餠)을 굽는데 쓰인 화로. 질긴 대나무로 만들었으며 사방에 구멍이 있어 바람이 잘 통한다.

工夫茶

연라(碾羅)

연(碾)은 은이나 철로 만들어진 구운 차병을 갈아 가루로 만드는 갈개. 가는 시간은 짧을수록 좋기 때문에 동작이 빠를수록 좋다. 갈아진 차는 바닥을 비단으로 만든 체(羅)로 쳐서 고운 차 가루만 이용하고 거친 가루나 부스러기는 쓰지 않는다.

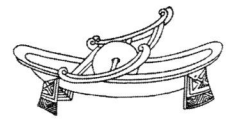 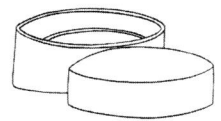

차를 가는데 쓰는 금속으로 만든 다연(茶碾)(좌).
차를 치는 체로 바닥을 촘촘한 비단(絹)으로 만들었다(우).

후탕(候湯)

당나라 때는 솥에 차 가루를 넣고 끓였으나 송나라의 점다법(点茶法)은 병에 물을 담아 끓여 썼다. 병은 작은 것이 좋은데 작은 것은 물 끓이기가 쉽고, 차 사발에 물을 부을 때도 양을 조절하기가 쉽다. 병은 물 끓는 것이 보이지 않기 때문에 물 끓는 소리를 잘 살펴야한다.

점다(点茶)할 때 사용하는 입이 작고 부리가 길고 손잡이가 있는 물 끓이는 병(좌). 아궁이 위나, 풍로 위에 놓고 가열하여 끓인다.

물을 부어넣는 동시에 차선을 다완 안에서 빙빙 돌리고 또 차선을 털듯이 휘저으면 차가 풀어지며 꽃이 피어나듯이 거품이 일어난다. 젖빛 운무가 용솟음치며(乳霧洶涌) 일어나 돌다가 잔 안 쪽 면에 붙어 거품이 꺼지지 않고 움직이지 않게 되는데 이것을 교잔(咬盞)이라 한다.

공부차·Gong Fu Cha

협잔(熁盞: 잔 덥히기)

점다(点茶) 전에 잔을 불에 쪼여 따뜻하게 한다. 차 가루를 풀 때 잔이 차면 차가 잘 풀리지 않는다. 찻잔은 건안(建安) 자기가 가장 좋다. 건안 자기는 진한 청색에 토끼 털 무늬가 있으며 잔이 두꺼워 보온이 잘되며 잘 식지 않는다.

조고(調膏: 차 가루 이기기)

잔의 크기에 맞추어 적당량의 차 가루를 잔에 덜어 넣은 다음 끓는 물을 약간 붓고 잘 섞어 약간 걸쭉한 풀같이 만든다.

> 건요(建窯) 토호다완(兎毫茶碗) 붉은 빛을 띤 흑색에 토끼털이 퍼져있는 것 같은 문양이 아름다운데 유약이 두꺼운 곳은 흑색이 더욱 진하다. 점다용(点茶用) 다완 중 제일로 친다.

점다(点茶)

풀같이 된 차에 바로 끓는 물을 부으며 이것을 점(点)이라 하고, 차선(茶筅: 대나무로 만들며 끝을 잘게 쪼개 작은 빗자루처럼 생긴 다구)을 이용하여 찻잔 안에서 격불(擊拂: 차선을 휘저어 차를 풀고 거품을 일으키는 동작)한다. 차에 끓는 물을 부어넣는 동시에 차선을 다완 안에서 빙빙 돌리고 또 차선을 털듯이 휘저으면 차가 풀어지며 꽃이 피어나듯이 거품이 일어난다. 젖빛 운무가 용솟음치며(乳霧洶涌) 일어나 돌다가 잔 안쪽 면에 붙어 거품이 꺼지지 않고 움직이지 않게 되는 데

이것을 교잔(咬盞)이라 한다. 이 때 점다가 잘되지 않으면 꽃(거품)은 바로 시들고 심지어 피자마자 시드는 경우도 있다. 이것을 "운각산(雲脚散)"이라 하고 이 때 잔 안쪽 면에 물의 흔적(水痕)만 남기게 된다.

차선(茶筅): 요즘 일반적으로 사용하고 있는 차선(좌)
차를 섞고 풀어 거품이 나게 한다.

몽고인들의 습관은 복잡하지 않고 자연스러운 것을 좋아하여, 차에 있어서도 당·송 시대에 성행하던 병차를 굽고 갈아서 마시던 풍속은 점점 쇠퇴하고, 당·송 이전의 잎차(葉茶)를 솥에 넣고 끓여 마시는 풍속이 되살아났다.

송나라 사람들은 점다(点茶)를 할 때 "투다(鬪茶: 차 겨루기)"를 좋아했는데, 그 승부를 정하는 기준은 첫째, 차 표면에 생긴 거품의 빛깔과 균일도를 보고, 둘째는 잔의 안쪽 면과 거품이 만나 생기는 흔적(水痕)이 있는지 없는지를 살피는 것이다. 시합은 보통 한번으로 끝나지 않고 세 번 겨뤄 수흔(水痕)이 두 번 나타나면 지게 된다. 투다(鬪茶)의 마지막은 차탕(茶湯)을 품평하는 것으로 색(色), 향(香), 미(味)가 모두 뛰어나야만 비로소 최후의 승리를 차지할 수 있다.

송나라 시대에 점다(点茶)할 때는 병에 물을 끓여, 다완에 부어 사용했는데 이것은 중국 차 문화사에 있어서 일대 혁명이었다. 일반적으로 전다법(煎茶法)은 당나라의 중기 말기에 유

행하여 오대(五代)에 와서 점점 쇠퇴하였다. 전다법(煎茶法)이 쇠퇴한 시기와 점다법(点茶法)이 성행하기 시작한 시기는 일치한다. 그러나 점다법의 중요한 요소들은 차의 선택, 다구의 선택, 물을 고르고, 물 끓이는 것을 잘 살피고, 물과 차의 양을 잘 고려하여 차의 농도를 맞추는 것이다. 이 다섯 가지를 주의 깊게 관찰하면 점다법(点茶法)은 육우(陸羽)의 전다법(煎茶法)의 계승 발전임을 알 수 있다. 원나라 시대가 되어 몽고인들이 중원에 들어오자 몽고인들의 생활풍습도 따라 들어왔다. 원나라의 통치기간은 백년이 되지 않지만 당시의 중원 사람들의 의식과 생활에 많은 변화가 일어났다.

몽고인들의 습관은 복잡하지 않고 자연스러운 것을 좋아하여, 차에 있어서도 당·송 시대에 성행하던 병차를 굽고 갈아서 마시던 풍속은 점점 쇠퇴하고, 당·송 이전의 잎차(葉茶)를 솥에 넣고 끓여 마시는 풍속이 되살아났다.

명나라 시대는 중국 차 문화의 최고 흥성기이다. 명 홍무(洪武) 24년(1391), 명 태조 주원장(朱元璋)은 단차(團茶)를 만들어 진상하는 것을 금지시키고 "다만 어린 싹을 따 만든 아차(芽茶)만을 진상"하게 하였다.

이로써 당나라 이래로 차의 세계를 주름잡던 단차(團茶)는 역사의 무대에서 퇴출되고 덖어서 만든 초제(炒製) 차가 주류를 차지하게 되었다. 명나라 사람들은 이전의 기초 위에, 이전의 차를 갈아서 가루에 끓는 물을 부어서 마시는 방법을 탈피하여 덖은 산차(散茶)를 우려 마시는 방법을 채용했다.

우릴 때는 소금이나 생강 등은 넣지 않고, 과일이나 향초

 工夫茶

명(明) 태조(太祖) 주원장(朱元璋).

명나라 시대는 중국 차 문화의 최고 흥성기이다. 명 홍무(洪武) 24년(1391), 명 태조 주원장(朱元璋)은 단차(團茶)를 만들어 진상하는 것을 금지시키고 "다만 어린 싹을 따 만든 아차(芽茶)만을 진상"하게 하였다..

(香草) 등도 첨가하지 않으며 오직 차의 진색(眞色), 진향(眞香), 진미(眞味)를 음미하는 약음법(瀹飮法: 뜨거운 물을 부어 우려마시는 방법)을 보급하였다. 우려마시는 방법은 중국 차 문화에 있어서 중요한 이정표이며, 포다법(泡茶法)이라고도 한다. 포다법은 두 가지가 있는데 잔에 차를 넣고 끓는 물을 부어 우려마시는 촬포법(撮泡法)과 호(壺)에 차를 넣고 끓는 물을 부어 우려서 다시 잔에 따라 마시는 호포법(壺泡法)이 있다. 이 두 가지 방법은 수백 년을 이어 지금까지 전해 이용되고 있으며, 그 방법도 약간의 변화를 제외하고는 당시와 차이가 없다.

역사적으로 성행했던 차 마시는 방법을 마치고 공부차의 차 마시는 방법을 살펴보자.

(2) 일반적으로 공부차는 차 우려마시는 방법

- 비기(備器: 다구 준비)
- 취화(取火: 불 피워 물 끓이기)
- 상차(賞茶: 차 감상하기)
- 림호(淋壺: 호 덥히기)

- 치차(置茶: 호에 차 넣기)
- 현호고충(懸壺高沖: 물을 높이 들어 호에 따르기)
- 괄말(刮沫: 호 위에 뜬 거품 걷어내기)
- 온배(溫杯: 잔 덥히기)
- 쇄차(灑茶: 잔에 차 따르기)
- 품음(品飮: 마시고 음미하기)의 순서이다.

공부차와 명나라 시대의 호포법(壺泡法)을 비교하면 다구를 준비하고 물을 가려서 물을 끓이고 호에서 우려내는 등 기본적으로 일치한다. 다만 공부차는 우려내는 기술과 예술성을 중시하고, 또 우려 낼 때 오룡차의 특성이 충분히 발휘되도록 하는 것이 다르다. 정리하면 공부차는 호포법(壺泡法)과 오룡차의 특성이 결합하여 형성된 것이라 할 수 있다.

여기서 우리는 공부차와 육우(陸羽)의 전다법(煎茶法)이 본질적으로 차이가 없음을 어렵지 않게 알 수 있다.

명 문휘명(文徵明)의 품차도(品茶圖) 부분.

工夫茶

《다경》이 쓰여진 1,000여 년이 지난 후에 청나라 유교(兪蛟)가 저술한 《몽창잡저(夢廠雜著)·조가풍월(潮嘉風月)·공부차(工夫茶)》 중의 한 구절에 "공부차는 차를 끓이는 방법인데 육우가 《다경》에서 소개한 것보다 그 기구가 정교하고, 지극하다"는 포다법(泡茶法)의 전체를 정리한 말이다.

유교(兪蛟)의 위에서 말한 책에서 소개한 공부다예(工夫茶藝)의 형식은 청대의 기본 정형(定型)으로 조주(潮州) 사람들의 성숙 단계에 이른 차 마시는 풍속을 정리한 것으로 오늘 날의 공부다예와 비교해도 이미 절정에 도달하였다고 할 수 있다.

정리하면 공부차는 육우(陸羽)의 전다법(煎茶法)에서 시작되어 전다법(煎茶法)과 점다법(点茶法)의 기예를 기초로 하고, 명대의 호포법(壺泡法)을 계승하고, 또 오룡차의 우수한 점을 잘 살려낸 차를 우려내는 방식이다. 이는 중국 다도의 걸출(傑出)한 대표이다.

(3) 오룡차의 탄생

공부차의 중심은 오룡차이다. 기원이 언제부터인지는 분명하지 않고 북송(北宋)때 시작되었다는 설도 있고, 청나라 함풍(咸豊)년 간(1851~1861년)에 시작되었다는 견해도 있다. 다만 처음 시작된 곳이 푸지엔 지방이라는 데는 의견이 일치한다. 현재 찾아 볼 수 있는 오룡차의 제조에 관한 기록은 앞에서 이미 소개했던 육연찬(陸廷燦)의 《속다경(續茶經)》 중에서 인용한 왕초당(王草堂)의 《다설(茶說)》이다.

공부차의 중심은 오룡차이다. 기원이 언제부터인지는 분명하지 않고 북송(北宋)때 시작되었다는 설도 있고. 청나라 함풍(咸豊)년간(1851~1861년)에 시작되었다는 견해도 있다.

공부차 · Gong Fu Cha

　무이암차의 제법은 찻잎을 채취한 후에 바로 햇볕에 널어 쇄청(曬靑)하고 이어 널어진 상태에서 흔들고 뒤집는 요청(搖靑)을 한다. 요청을 하는 중에 향기가 발산하기 시작하면 덖고 이어서 열로 건조시키고 선별하는 일련의 공정이다.
　이런 제조공정은 현대 무이차 제조공정과 크게 다르지 않다. "반청반홍(半靑半紅)" 즉 "푸른 찻잎이 가장자리가 붉은 색으로 변한 무이암차의 특징을 잘 묘사하고 있다.
　왕초당의 본명은 왕복례(王復禮)로《다설》은 청 초기에 쓰여 졌다. 무이산에 입산하여 승려가 된 석초전(釋超全, 속명 阮 文錫)은 차에 관한 일을 잘 알았는데, 그가 쓴《무이차가(武夷茶歌)》와《안계차가(安溪茶歌)》를 보면,

무이차가(武夷茶歌)

경태(景泰)년 간에 차밭은 이미 황폐해졌는데
함산(喊山)에서는 오히려 매년 제사 비용을 바치고
차를 사는 관리는 타지방에서 차를 사오는데,
곽공(郭公)이 그 병폐를 없앴다.
그 후로 무이암차가 점점 살아나고
……………

工夫茶

안계차가(安溪茶歌)

안계의 산은 높고 울창한데
그늘지고 촉촉하여 차가 잘 자라네
근래에 무이 장주(漳州) 사람들이 차를 만드니
자색 순에 하얀 솜털
서양 선박이 매년 들어와 차를 사가고
큰 상인은 관아의 힘에 의지하네.
안계차는 암차를 모방하여 만드니
먼저 초청(炒青) 하고 나중에
홍배(烘焙) 하니 무이차와 차이 없네
....

William H Ukers 《다엽전서(茶葉全書: All about tea)》의 기록을 보면 1607년 네덜란드의 동인도 회사에서 처음 마카오를 통해 차를 유럽으로 수입했고, 초기에는 일본의 녹차를 수입했으나 바로 무이암차를 수입했으며 이 차가 크게 유행했다.

"경태(景泰)년 간에 차밭이 황폐하여 다른 지역의 차를 사서 관부에 바쳤는데 곽공(郭公) 청라(青螺)가 그 병폐를 없앴다. 그래서 그 후로 암차가 다시 살아났다…"라고 하였고, 《안계차가(安溪茶歌)》에서는,

"계차(溪茶)는 암차를 따라 모방해 먼저 덖고 후에 건조시켜 크게 차이가 없다…. 서양의 배가 매년 들어와 차를 사가고…"라고 하여 안계차의 제법이 무이차의 제법을 모방한 것이라는 것과 서양 선박이 빈번하게 차를 싣고 나간다는 것 등을 알 수 있다.

곽청라(郭青螺)는 만력 10년에 조주지부(潮州知府)를 지낸 곽자장(郭子章)의 호로 명 경태(景泰: 1450~1456)년

간부터 내려오던 다른 지역의 차를 사서 관부에 바쳤던 폐단을 혁파하여 무이차의 발전에 큰 공헌을 하였고 이로 인해 칭송을 받았던 사람이다.

  무이산은 골이 깊고 여기저기에 움푹 패인 바위가 많아 차농들은 패이고 갈라진 바위틈을 이용하여 돌을 쌓아 차나무를 길렀다. 이렇게 "바위마다 차요(岩岩有茶) 바위가 없으면 차도 없다(非岩不茶)"는 말이 생겨났고, 암차(岩茶)라는 이름도 여기서 얻었다. 암차가 세상에 알려지자 그리 오래지 않아 그 제조방법은 민남 장주(漳州)일대에 전해졌다.

17세기 네덜란드 동인도 회사의 상선.

工夫茶

이것들은 무이암차(武夷岩茶)가 오룡차(烏龍茶)의 시조라는 사실을 설명한다. 또《안계차가》에서 알 수 있는 것처럼 당시의 제다법이 지금의 오룡차의 제다법과 기본적으로 같음을 알 수 있다. 그리고 안계차가 나중에 나왔지만 오히려 더욱 성행했다.

William H Ukers《다엽전서(茶葉全書: All about tea)》의 기록을 보면 1607년 네덜란드의 동인도 회사에서 처음 마카오를 통해 차를 유럽으로 수입했고, 초기에는 일본의 녹차를 수입했으나 바로 무이암차를 수입했으며 이 차가 크게 유행했다.

위에서 소개한《안계차가》에 "서양의 외국 배가 매년 들어와 차를 사가고"라는 구절 등 여러 가지를 종합하여 보면 명나라 중 말기에 오룡차 제조기술이 형성되었고, 공부차를 마시는 습관도 이미 상당히 퍼져있었으며 청 만력(万歷)년 간에는 해외에까지 널리 퍼졌다는 것을 알 수 있다.

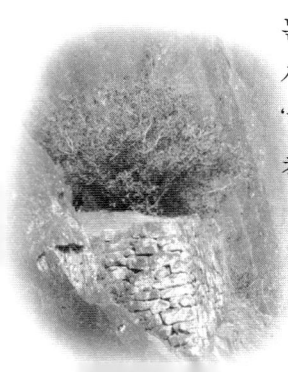

명대에 오면 차오조우 지방의 차를 마시는 것에 대한 기록은 비교적 많아진다. 그러나 당시는 아직 차 마시는 풍속이 성한 것은 아니었다.

(4) 공부차의 유행 시기 및 지역

차오조우(潮州) 지역의 차 마시는 역사는 송나라 때까지 거슬러 올라간다. 송 휘종 정화(政和) 8년(1118년)에 차오조우의 팔현(八賢)으로 대접 받고 있는 진사(進士) 장기(張夔)는 그의 시《화서장송거인운(和徐璋送擧人韻)》이라는 시에서 "글씨는 안진경체로 힘 있게 흘려 쓰고, 술자리가 파할 즈음 '낙노(酪奴)'를 부른다." 여기서 "낙노"는 불야후(不夜候) 옥천자(玉川子), 척번자(滌煩子) 등과 같이 모두 차를 칭하는

공부차 · Gong Fu Cha

말로, 여기서 술자리가 끝나면 차를 마시며 흥을 돋았던 것을 알 수 있다.
  명대에 오면 차오조우 지방의 차를 마시는 것에 대한 기록은 비교적 많아진다. 그러나 당시는 아직 차 마시는 풍속이 성한 것은 아니었다. 명 가정(嘉靖)년 간(1522~1566) 곽청라(郭靑螺)가 지은 《조중잡기(潮中雜記)》에서 "차오조우(潮州) 풍속은 차를 잘 이용하지 않아서 좋은 차는 아직 차오조우에 없다"는 글을 찾아 볼 수 있다. 명말 청초에 저명한 문학자이자 사학자인 장대(張岱: 1597~1679년)가 푸지엔에 와서 쓴 《민문수차(閩汶水茶)》라는 시에서,

  굵고 부드럽고 조(燥) 하고
  습(濕) 함을 친히 살펴
  숨까지 삼가며 준비한 차를
  화롯가에서 한 잔 마시니
  얼마간 생각이 깊어지고
  힘이 솟아오르네.

  구절을 볼 수 있다. 또 청대 문학가 주량공(周亮工: 1612~1672년)의 《민소기(閩小記)》에서 문수(汶水)의 형편을 이해할 수 있는데,
  "흡인(歙人) 민문수(閔汶水)는 도엽도(桃葉渡)에 사는데, 가끔 그 집에 들려 차를 마시곤 했다. 물과 불을 모두 스스로 맡아 차를 우려 작은 잔에 따라 대접하는데, 스스로 자랑스

 工夫茶

러워했다."

두 사람의 글은 서로 통하는데, "조습신친(燥濕身親)"과 "수화자임(水火自任)", "당로철일구(當爐啜一甌)"와 "이소주잔작객(以小酒盞酌客)"은 서로 비슷한 내용인데, 그 때 사용했던 차가 오룡차인지는 알 수 없지만 그 묘사하는 내용은 공부차와 매우 가깝다.

건륭(乾隆: 1736-1795) 초년에 현령을 지냈던 율양(溧陽) 사람 팽광두(彭光斗)의 《민쇄기(閩瑣記)》를 보면,

민쇄기는 공부차를 우리는 과정을 설명한 가장 오래된 기록 중 하나이고, 이 기록에서 당시 민남 용계(현재의 漳州 지역)의 일반 시골에서 무이차를 마실 수 있었다는 것을 알 수 있다.

현령을 그만둔 뒤에 성에 나갔다가
용계(龍溪)를 지나
대밭 가운데서
한 촌로를 만났다.

방으로 맞아들여
화로에 불을 피우고
차를 우려
적은 잔에 따라 대접하는데
단지 한 모금 마시니
목으로 넘어가자
가슴 속까지 스며들었다.

무슨 차인지 물으니
과연 무이차라 한다.

내가 이곳에서 몇 차례 접했지만
제대로 음미한 것은 처음으로
참으로 부끄러웠다.

팽광두가 향촌에서 한 촌민을 만나서 무이차를 처음 음미한 것을 묘사했다. 민쇄기는 공부차를 우리는 과정을 설명한 가장 오래된 기록 중 하나이고, 이 기록에서 당시 민남 용계(현재의 漳州 지역)의 일반 시골에서 무이차를 마실 수 있었다는 것을 알 수 있다.

건륭(乾隆) 27년(1762)에 편찬된 푸지엔《용계현지(龍溪縣志)·풍속편(風俗篇)》에는 "영산사(靈山寺) 차는 세상 사람들이 귀하게 여긴다. 5월이면 멀리서나 가까운 곳에서나 무이산 차를 산다. 차를 끓이는데 반드시 시대빈 호(壺)를 쓰고, 잔은 약심(若深) 배를 쓴다. 깊은 산골 벽촌에서도 차를 즐기는 사람이 많고 차에 들이는 비용이 매년 적지 않다."

이 글에서는 차의 선택, 솥, 호, 잔, 화로 등의 다구와 물 등을 설명하고 있는데, 후반부의 산골 벽촌에서도 차를 즐기는 사람이 있다는 기록에서 우리는 당시 이 지역에 이미 차가 상당히 보급되었다는 것을 알 수 있다.

24년 후 건륭(乾隆) 51년(1786) 원매(袁枚)의《수원식단(隨園食單)·차주단(茶酒單)》에서 그가 무이차를 마시게 된 경위와 감상을 언급했다.《수원식단》은 원매가 40여년 동안 심취하여 자료를 모았던 요리에 대한 저술이다.

그의《수원식단·차주단》무이차 편에서 기술한 내용은

편명은 비록 "무이차"이지만, 다구 및 품차 방법 등을 언급한 내용은 "공부차"를 설명한 것이다. 어쨌든 이런 기록에서 청대 중기에 민북지방에 공부차가 유행했다는 사실을 확인할 수 있다.

원매 이후에 "공부차"라는 이름이 정식으로 문헌상에 나타난 것은 유교(俞蛟)의 《몽창잡저(夢廠雜著)》 권10 《조가풍월(潮嘉風月)》 공부차이다. 유교는 건륭 16년(1761) 태어나 건륭 58년부터 7년 동안(1800년 嘉慶 5년까지)국자감의 학생신분으로 싱닝(興寧)현의 기록을 담당하였다.

《조가풍월》은 이 기간 동안 그가 친히 경험한 일과 들은 일을 취합하여 기록한 책이다. 그가 "공부차"에 기록한 것은 위에서 소개했던 《용계현지》나 《수원식단》보다 자세하며, 또한 성숙단계의 차오조우(潮州) 지방의 차 풍속을 더 잘 설명하고 있다. 이런 이유로 유교의 《조가풍월(潮嘉風月)》이 학계에서 공부차에 대한 최초의 기록으로 인정받고 있다.

오늘에 와서 공부차는 민남이나 차오산(潮汕) 지역 뿐만 아니라 광저우(廣州) 하이난(海南) 및 영남(嶺南) 각지에 유행하고 있다. 특히 동남아 화교들에게 공부차는 고향의 상징처럼 되어 있어 "차오산(潮汕) 사람이 있는 곳에는 어디든지 공부차가 있다"는 말처럼 그들이 어디에 살든지 공부차를 즐긴다.

Gong Fu Tea

공부차의 매력 | 제 2장

工夫茶
공부차

공부차는 민남 차오산(潮汕) 사람들의 생리적인 필요와 정서적인 수요에 의한 것이지만 그 아름다움을 체험하는 과정에서 자연스럽게 도덕적 수양이 되며, 구속되지 않고 자유로우면서도 질서가 있다.

공부차를 마시는 것은 차가 주는 물질적인 이익 뿐만 아니라 정신적인 면의 효과도 발휘된다. 이와 같이 공부차는 차문화의 최고봉이며 독특한 매력을 갖고 있다.

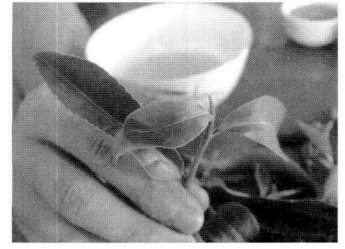

제2장. 공부차의 매력

　육우는 다경에서 차는 신농(神農)씨부터 비롯되었다고 하는데 이것을 그대로 인정하지 않더라도 차와 중국문화가 만난 것은 매우 오래 전부터이다. 차 마시는 가운데 차호 안에서 찻잎이 펼쳐지고 부침하면서 내뿜는 그윽한 향기는 중국문화의 한 가지 차문화를 형성하였다.

　소동파(蘇東坡)는 차를 의인화하여 "엽가(葉嘉) 선생 푸지엔 사람. 조상대대로 산속에 살았고 성품이 맑고 고결하여 벼슬하기를 싫어하고 명산을 유람하기를 좋아한다. 후에 무이승지(勝地)를 골라 이곳에 자리하고 살았다"라고 썼다. 여기서도 차와 푸지엔과의 관계가 밀접함을 볼 수 있다. 이전의 민남 및 차오산(潮汕) 지방의 노차객(老茶客)들은 차를 차미(茶米)라고 불러 차와 쌀을 동등한 위치에 놓았다. 그 시절의 차오산 지역의 차를 즐기는 풍습은 아래와 같았다.

　"기쁜 잔치에나, 조용한 곳에서 혼자 지내거나, 상점이나 공장은 물론 가로변이나, 밭가 호박넝쿨 아래서도, 바쁘고 바쁜 중에서도, 한가롭고 편안할 때에도, 화로에 불을 피우고 솥을 올려 물을 끓여 호를 들어 잔에 차를 따르며 즐겁게 인생을 즐겼다." 이런 풍습은 지금까지 사라지지 않고 있으며 오히려 더욱 왕성하다.

　공부차는 민남 차오산(潮汕) 사람들의 생리적인 필요와 정서적인 수요에 의한 것이지만 그 아름다움을 체험하는 과정에

> 공부차를 마시는 것은 차가 주는 물질적인 이익뿐만 아니라 정신적인 면의 효과도 발휘된다. 이와 같이 공부차는 차문화의 최고봉이며 독특한 매력을 갖고 있다.

서 자연스럽게 도덕적 수양이 되며, 구속되지 않고 자유로우면서도 질서가 있다. 공부차를 마시는 것은 차가 주는 물질적인 이익뿐만 아니라 정신적인 면의 효과도 발휘된다. 이와 같이 공부차는 차문화의 최고봉이며 독특한 매력을 갖고 있다.

1. 공부차는 인정이다

차는 고상한 선물이다. 차를 선물한다는 것은 상대를 귀하게 여기며, 기쁨을 함께 나누고 감사한다는 의미를 담고 있다. 차는 일찍이 3,000여년 전 주대(周代)에 이미 상류사회의 공물(貢物) 및 예물(禮物)이었다.

동진(東晋) 서진(西晋) 남북조 시대에 이르면 손님이 오면 차를 대접하는 것은 예절이 되었다. 당송(唐宋) 이후 황제가 고급관료 신하들에게 차를 하사하는 것은 전통이 되었고 하사받은 신하는 영광으로 여겼다. 역대의 문인(文人)들의 문학작품, 시(詩) 사(詞) 중에서 스승에게, 친구에게 멀리서 차를 선물하고 선물 받고, 마음에 맞는 사람끼리 교외에서 품차(品茶)하는 글들은 쉽게 찾아 볼 수 있다.

고상한 품차 활동은 일종의 정신수양이고 손님이 오면 차를 내는 것은 당연한 일이고 이를 통하여 즐거움을 함께 나누고 존경과 겸손을 자연스럽게 표시하게 되었다. 차오조우(潮州) 산토우(汕頭) 사람들은 평소 공부차로 손님을 접대하는데 이것은 오랜 전통이면서 예절이다.

工夫茶

차를 별로 좋아하지 않는 손님이라도 주인의 은근하고 정성스런 차 대접에 마음이 푸근해 진다.

오아진(吳雅眞) 여사와 장천복(張天福) 선생(우) 품차(品茶) 론차(論茶). 94세의 장천복 선생은 푸지엔 차계의 태두로 오룡차 대사, 푸지엔 차왕 등으로 불리고 있다.

손님과 주인이 자리하면 다관(茶罐)을 준비하고 찻잔 두세 개를 올려놓고, 여러 차례 끓는 물은 높이 들어 차관에 따르고 차관의 차는 낮게 바로 찻잔에 따라서 마시며 정담을 나누곤 한다. 차를 별로 좋아하지 않는 손님이라도 주인의 은근하고 정성스런 차 대접에 마음이 푸근해 진다.

이것이 바로 공부차가 만들어 내는 우호적이고 여유 있으며 여운이 남는 분위기이다. 오랜만에 만나거나, 친구들 끼리 모이거나, 술자리를 마치고 나서나, 토론을 하거나 예술을 이

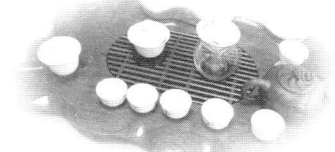

야기하거나 하는 자리에는 차가 빠지면 안 된다. 서너 사람이 둘러앉아 차를 마시면 많은 말을 하지 않아도 인생의 참맛을 느낀다. 차를 마시는 가운데 자연스럽게 예절이 몸에 배고 성품이 온화해지고 자연에 순응하게 된다. 공부차는 사람의 정서와 소양을 온화하고 귀하게 하며 환경의 속박에서 벗어나, 의식하지 않는 사이에 수양이 된다.

차를 마시는 중에 마음이 평화로워지고 번뇌와 슬픔이 사라지고 평안한 경계에 도달한다. 상대방과 마음이 맞지 않고 서로의 사정을 잘 모르더라도 차를 나누면 거북함은 사라진다. 차오조우 산토우(潮汕) 사람들은 정말 생활 속에 공부차가 녹아있다.

2. 공부차의 경계

많은 사람들이 매일 차를 마시지만 차는 갈증을 해소하고 배만 부르게 하는 것이 아니라 인문적(人文的) 사고력을 높이고 정신적 체험을 하게 하고 깨달음으로 인도한다. 중국에서 역사상 차는 유(儒), 불(佛), 도(道)교의 수행 매체였다. 유교는 차를 통해 수덕(修德)을, 도가는 차를 통해 수심(修心)을, 불교는 차를 통해 수성(修性)을 추구했다.

이는 모두 차가 사상과 영혼을 맑게 하고 사람과 자연을 하나 되게 하는 성질을 이용한 것이다. 공부차의 정교하게 차를 다루고 다구를 준비하는 것은 육우의 《다경》에서 말하는 전다

工夫茶

법(煎茶法)의 계승자이며 중국 차 문화의 정수이다. 차를 내는 단계마다 천인합일(天人合一)의 사상이 녹아있고 정성스럽게 차를 내고 마시는 가운데 자연과 하나 되는 경계(境界)에 도달하게 된다.

공부차를 품차(品茶)하는 환경은 일정하게 정해진 것은 없다. 다만 밝고 깨끗하며 편안한 분위기가 좋다. 방안이나, 응접실, 집 앞뜰, 들판, 숲속, 물가, 노변 어느 곳이나 가능하고, 또 환경이 다르면 느끼는 기분도 다르기 때문에 장소에 구애받을 필요 없이 상상력을 발휘하여 정하면 된다.

공부차는 물을 매우 중요시하고, 물을 끓이는 탄(炭), 다구 및 차도 당연히 중시한다. 가능하면 자연의 본성에 맞는 것이 좋다. "물은 산수(山水)가 상등이고 강수(江水)가 중등이고 샘물이 가장 못하다"라고 육우가 이야기했지만 샘물도 좋은 샘물이 많다. 탄(炭)은 연기가 나지 않는 질 좋은 목탄을 쓰고 다구, 화로, 물을 끓이는 탕기, 자사호, 백자 잔 모든 것이 균일하게 중요하며 제대로 된 것을 써야하고, 차탕과 차도 본래의 향과 맛을 지닌 것이라야 한다.

품차(品茶)시 전심(專心)을 기울여야한다. 전심을 기울여야 비로소 정(靜)에 이를 수 있고, 정에 이르러야 차인은 겸허함이 몸에 배고 그래야 사물의 미세함까지 통찰할 수 있다. 이것이 바로 공부차의 공부이다. 서너 사람, 네 다섯 사람이 모여 주인의 조용하고 우아한 동작 가운데, 향에 취하고, 맑고 고요한 기운 속에서 차의 맛과 기운을 느끼고 시종 맑고 고요한 중에 심령은 걸림과 막힘에서 벗어나 균형과 조화를 이루며

품차(品茶)시 전심(專心)을 기울여야 한다. 전심을 기울여야 비로소 정(靜)에 이를 수 있고, 정에 이르러야 차인은 겸허함이 몸에 배고 그래야 사물의 미세함까지 통찰 할 수 있다. 이것이 바로 공부차의 공부이다.

공부차 · Gong Fu Cha

세속을 떠난 경계에서 노닐게 된다.
　다도의 근본은 사람과 자연을 사랑하고 특히 상대방을 존경하고 화합하는데 있는데, 차를 나눌 때 주인이 직접 차호와 잔을 깨끗하게 하고 덥히고 이런 정성스럽고 세심한 분위기의 영향이 차인들의 심성을 화합하고 맑게 만든다.

■ 장천복 선생은 오랫동안 중국의 다도, 다예, 차 문화를 연구 집대성하여 중국다예의 기본정신을 茶性儉, 茶貴淸, 茶導和, 茶致靜으로 정리하여 儉淸和靜 네 자로 압축하였다.

이안거(易安居)중 검(儉), 청(淸), 화(和), 정(靜) 4자의 액자 앞에서 다도 표현.

3. 공부차의 아름다움

　다구의 정교함과 아름다움은 공부다예의 요체이다. 1910년 대에 옹휘동(翁輝東)이 저술한 《조산다경(潮汕茶經)·공부차(工夫茶)》를 보면 공부차구의 정묘(精妙)함을 잘 살펴 볼 수 있다. 시대의 변화에 따라 많은 다구들이 현대적인 다구로 대체되어 사용되고 있지만 정묘한 아름다움을 추구하는 원칙은 변할 수 없다.

　차호는 "충관(沖罐)"이라고도 하는데, 장수성(江蘇省) 이싱(宜興) 자사호가 널리 쓰인다. 자사호는,

　　죽절명문호(竹節銘文壺)　　　　홍니원주호(紅泥圓珠壺)

- 소(小) — 용량이 크지 않고 적당해야 한다.
- 천(淺) — 호가 작고 깊지 않아야 차를 따르고 나면 호에 물이 남지 않고 차의 맛과 향도 잘 우려 나온다.
- 제(齊) — 자사호의 손잡이, 물이 나오는 부리(嘴)가 뚜껑과 맞물리는 입이 수평을 이뤄야하고 간결하고 정교해야 한다.
- 로(老) — 오래되고 오래 쓴 것일수록 귀하게 친다.

공부차 · Gong Fu Cha

자사비천호(紫砂飛天壺)

석표호(石瓢壺)

 색은 주사(朱砂), 자사(紫砂), 고철(古鐵), 밤색(栗色), 석황(石黃), 하늘색(天靑) 등이 있다. 크기는 작은 것은 귤만 하고 커도 오렌지만하다. 모양은 호박 모양, 감, 북, 매화, 육각, 원형, 표주박 등 여러 모양이 있지만 정교하고 아름답고 운치가 있어야한다. 세 잔 정도 용량이 가장 적합하고 네 사람 이상일 때는 개완(盖碗)을 사용하는 것이 적합하다.

 찻잔은 소(小), 천(淺), 박(薄), 백(白)을 갖춰야한다.

· 소(小) — 한 두 모금에 다 마실만한 크기를 말하고,

· 천(淺) — 마셨을 때 잔 바닥에 남지 않아야하며,

· 박(薄) — 얇아야 향이 잘 살아나며,

· 백(白) — 차탕 색을 잘 볼 수 있어야하며 청화무늬가 있으면 더욱 아름답고 바닥이 좁고 입이 넓은 것이 좋은 잔이다. 잔 바닥에 "약심진장(若深珍藏)"[1]이라고 쓰여진 것이라면 최상이나 구하기가 매우 어렵다. 그리고 계절에 맞춰 계절마다 다른 잔을 사용하기도 하고 차판과 잔의 그림을 조화되게 맞춰 사용하는 등 정교함을 추구한다.

---

1) 약심진장: 청나라 때 장시성(江西省) 징더전(景德鎭) 요에서 약심(若深)이라는 명장이 만든 백자배로 잔 바닥에 "약심진장"이라는 명문이 있다.

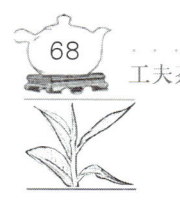 工夫茶

활구배(闊口杯)   백자소배(白瓷小杯)

    물을 끓이는 기구는 차오안(潮安)에서 만든 홍니(紅泥)화로를 제일로 친다. 간결하면서도 정교하고 아름다우며 서권(書卷) 절지도(折枝圖)와 같은 그림이 그려져 있기도 하고, "명월송간조(明月松間照) 청천석상류(淸泉石上流)"와 같은 대련(對聯)이 쓰여진 것도 있다. 그 외에 알콜용 화로, 전기나 전자식 포트 등을 사용하기도 한다.

    어느 것이든 잡맛이나 냄새가 나지 않고 쓰기에 편리해야 하고 아름다움도 고려해야 한다. 그 외에 차판, 다선(茶船), 다관(茶罐), 다건(茶巾) 등의 기구들도 세심하게 신경 써야지 대강하면 안 된다.

> 공부차 다구의 특색은 예술적 조형과 실용성을 다 중시한다. 공부차를 내는 과정 또한 공부차의 아름다움의 초점이다.

공부차(工夫茶) 다구(茶具) 1벌

공부차 · Gong Fu Cha

공부차 다구의 특색은 예술적 조형과 실용성 등 모두 중요시 한다. 공부차를 내는 과정 또한 공부차의 아름다움의 초점이다. 옛날 사람들의 말에 "차의 질(質), 물, 불, 다구 등 하나라도 소홀함이 없어야하며, 되는대로 대충 우려낸다면 어찌 공부차라 할 수 있겠는가?"라고 하는 것 같이 공부차는 마음을 다해 정성들여 내는 차를 말한다.

맹신임림(孟臣淋霖)2)

전통 공부차의 순서는 다음과 같다.

치기(治器) → 납차(納茶) → 후탕(候湯) → 세차(洗茶) → 충점(沖点) → 괄말(刮沫) → 임관(淋罐) → 탕배(燙杯) → 쇄차(洒茶) → 품차(品茶)이다.

물이 끓기 시작하면 차관(茶罐)에서 차를 꺼내 차의 색과 모양 향을 감상하고 또 평하며 삼비(三沸)3)를 기다려, 즉 작

---

2) 혜맹신(惠孟臣) ; 명말 청초에 살았던 이싱 자사호 제작의 명인으로 그가 만든 작고 정교한 수평호(水平壺 206쪽 참고) 최고의 공부차 다호로 대접을 받는다.

3) 삼비(三沸) : 물의 끓는 정도를 매우 중요시하여, 육우의 물의 끓는 모양이 마치 물고기 눈(어목) 같은 작은 기포가 올라오기 시작하고 물 끓는 소리가 크지 않게 나기 시작할 무렵을 일비(一沸), 기포가 구슬이 이어진 것 같이 연이어 올라오는 것을 이비(二沸), 그리고 기포가 물결

관공순성(關公巡城)

은 기포가 변하고 솔바람 소리가 나기 시작할 때, 솥의 물로 차호와 잔에 붓는다. 이런 뜨거운 물을 부어 차호를 덥히는 과정을 "맹신임림(孟臣淋霖)"이라고 한다.

이어 차호에 차를 넣고 물을 붓는다. 물론 넣는 차의 양도 중요하다. 물을 부을 때는 차호의 입구까지 차도록 붓는다. 물을 차호에 따를 때는 높이 들어 따르고 차호의 차를 잔에 따를 때 잔에 가까이 대고 따른다. 이것을 고충저짐(高冲低斟)이라고 한다. 각각의 용어를 살펴보면,

- 춘풍불면(春風拂面) — 차호에 뜬 거품을 호의 뚜껑으로 걷어 내리는 것.
- 중세선안(重洗仙顔) — 호에 다시 뜨거운 물을 부어 주는 것.
- 약심출욕(若深出浴) — 잔을 씻고 덥히는 것.
- 관공순성(關公巡城) — 호의 차를 잔에 돌아가며 매잔 같은 농도가 되도록 고루 따른 것.
- 한신점병(韓信点兵) — 호에 찻물이 남아있지 않도록 호를 털듯이 잔에 한 방울까지 찻

일반적으로 처음 호의 차는 우려내는 사람이 마시지 않는다. 두 번째 호의 차를 낼 때 처음 호의 차를 아직 못 마신 사람이 마시고 이런 식으로 한 차례의 공부차가 끝난다.

처럼 넘실거리고 북소리처럼 날 때를 삼비(三沸)라고 한다. 더 이상 오래 끓이면 물이 노쇠해져 차 맛을 망친다고 하였다.

공부차 · Gong Fu Cha

물을 따라 다음 우려 낼 때 떫은
맛이 나는 것을 예방하는 것.

　이렇게 차를 잔에 따르면 탕색은 맑은 황금빛이고 그 향이 코에 스며든다. 한 호에 세 잔 나오므로 사람이 여럿일 경우 서로 사양하는데 손님이 먼저이고 주인이 나중, 나이가 많은 사람이 먼저이고 어린 사람이 나중이다.
　일반적으로 처음 호의 차는 우려내는 사람이 마시지 않는다. 두 번째 호의 차를 낼 때 처음 호의 차를 아직 못 마신 사람이 마시고 이런 식으로 한 차례의 공부차가 끝난다. 이런 과정 중에 정성스럽고 아름다우며 겸손하고 온화함이 녹아난다.

4. 공부차의 즐거움

　공부차는 차를 심고 키우고 만들고 그리고 우려마시는 모든 과정마다 많은 시간과 정성, 비용이 든다. 만약에 공부차가 무미건조하고 즐거움 없다면 몇 백 년 동안 많은 사람들의 사랑을 받을 수 있었겠는가?
　공부차를 배워보면 공부차가 갖고 있는 거대한 재미를 저절로 발견할 수 있을 것이다. 공부차의 다구는 정교하고 아름다우며 종류도 많다. 그것 하나하나가 모두 미적으로 뛰어난 감상품으로 우리로 하여금 소장하고 감상하는 즐거움을 선사한다.

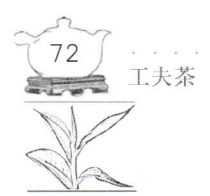

工夫茶

화로에 불을 피우고 백조 깃털 부채로 천천히 바람을 일으켜 탕관 안에서 일어나는 솔바람 소리를 듣고, 뜨거운 물을 흘려내려 잠든 호를 깨워 호를 덥히고 깨끗하게 하여, 차를 맞을 준비를 시키고 차를 넣고 물을 높이 들어 호에 따르고, 호를 잔에 가까이하여 잔에 차를 따르면, 피어나는 따뜻함과 향은 눈과 마음을 채워주는 즐거움 그 자체이다.

공부차는 그 종류가 참으로 많다. 무이암차, 그중에서도 명차로 인정받고 있는 것만 해도 100여 종이 넘고, 거기에 민남(閩南)의 계차(溪茶)도 크게 나누어도 4가지 계열의 명차가 있다. 거기에 광둥의 봉황, 타이완의 오룡차 등 뛰어난 명차만 해도 손으로 헤아릴 수가 없다.

> 공부차는 그 종류가 참으로 많다. 무이암차, 그중에서도 명차로 인정받고 있는 것만 해도 1000여 종이 넘고, 거기에 민남(閩南)의 계차(溪茶)도 크게 나누어도 4가지 계열의 명차가 있다.

공부차 · Gong Fu Cha

　이런 많은 종류의 차 각각의 특성을 알고 특성에 맞춰 적절한 차의 량, 물의 온도 우리는 시간 등을 연구하여 최상의 조건을 찾아가는 과정 또한 큰 즐거움 중의 하나이다.
　같은 차라도 우려내는 사람에 따라 차의 맛과 향 운치와 분위기는 차이가 현격하게 크다. 그래서 일반적으로 차를 즐길 때는 그 자리에서 가장 숙련된 고수가 호를 다룰 수 있는 권리를 갖는다.
　스스로 느끼고 즐기면서 맹렬하게 연마 수준을 향상시켜 결국에 고수가 되어 호를 잡고 훌륭하게 차를 우려 차벗들에게 차를 대접하는 것 또한 적지 않은 즐거움이다.

工夫茶

제 3 장 공부차의 명차

Gong Fu Tea

工夫茶 공부차

차의 종류는 녹차, 홍차, 황차, 백차, 화차,
전차(磚茶)등 많은 차가 있지만
공부차에 적합한 차는 반 발효차인 오룡차이다.
즉 공부차의 다예는 오룡차의 다예를 말한다.

제3장. 공부차의 명차

차의 종류는 녹차, 홍차, 황차, 백차, 화차, 전차(磚茶)등 많은 차가 있지만 공부차에 적합한 차는 반 발효차인 오룡차이다. 즉 공부차의 다예는 오룡차의 다예를 말한다.

오룡차의 주요산지는 광동, 푸지엔, 타이완이며 일반적으로 민남 오룡, 민북 오룡, 광동 오룡, 타이완 오룡으로 분류한다. 차수 품종에 따라서 분류하면 철관음, 황금계 등 많은 품종이 있다. 습관적으로 푸지엔 성의 무이암차와 철관음을 우선으로 치고, 광동성 차오안 펑황향(鳳凰鄕)에서 나는 오룡차도 애호가들의 사랑을 받고 있으며 특히 차오조우 사람들 동남아 화교들이 좋아한다. 타이완 오룡차도 그 종류가 많은데 경발효차인 포종차, 중등 정도 발효차인 동정 오룡, 목책 철관음 그리고 발효도가 가장 높은 흔히 동방미인으로 불리는 백호오룡 등이 있으며 국제시장에서 인기가 높다.

1. 무이산 암차

무이산은 푸지엔 성 무이산맥 북쪽의 동남쪽 줄기로 그 면적은 70평방킬로미터이고 동남부 지방의 가장 빼어난 곳으로 꼽힌다. 무이산의 여러 봉우리가 연이어 있고 골이 깊고 굽이굽이 돌아 흘러내리며 기후도 온화하다. 겨울에 따뜻하고 여름에는 시원하여 연 평균 기온이 18~18.5℃이고 강우량도

공부차 · Gong Fu Cha

무이산 풍경구 협곡의 차밭(위)
무이암차(武夷岩茶) 본포도(우).

충분하여 연평균 강우량이 2,000밀리미터로 명차를 위해 하늘이 내린 땅이다. 무이산은 지질학적으로 육지에 퇴적으로 형성된 홍색 암층이 융기한 전형적인 단하(丹霞) 지형에 속한다. 깎아낸 것 같은 절벽들이 솟아있고 깊고 협곡과 움

工夫茶

무이암차(武夷岩茶)는 생장조건에 따라 정암차(正岩茶), 반암차(半岩茶), 주차(洲茶)로 구분한다.

푹 패인 구덩이가 감돌아 흐르는 계곡 그리고 이런 산 전체에서 차가 난다. 차농들은 움푹 패인 바위, 갈라진 바위, 바위 틈, 물가에 돌을 쌓아 분재식 차원을 만들어 "바위마다 차요(岩岩有茶), 바위가 없으면 차도 없다(非岩不茶)"는 독특한 경관을 형성하여 암차(岩茶)라는 이름을 얻었다.

무이암차(武夷岩茶)는 생장조건에 따라 정암차(正岩茶), 반암차(半岩茶), 주차(洲茶)로 구분한다. 품질이 가장 뛰어난 정암차는 해발이 비교적 높은 혜원갱(慧苑坑), 우란갱(牛欄坑), 대갱구(大坑口)와 류향간(流香澗), 오원간(悟源澗) 등 속칭 "삼갱양간(三坑兩澗)" 등에서 생산되며, 향이 뛰어나며 맛이 조화롭고 깊으며 특유의 암운(岩韻)이 특별하다. 삼대갱보다 해발이 낮은 청사암(青獅岩), 벽석암(碧石岩), 마두암(馬頭岩), 사자구(獅子口) 및 구곡(九曲)의 계곡일대에서 생산되는 차를 반암차라고 하며 암운은 정암차보다 약간 모자란다. 숭계(崇溪), 구곡계(九曲溪),

무이산 천심암의 차밭. 절벽 중간이 대홍포 모본(母本), 바위아래가 노종수선(老樅水仙).

공부차 · Gong Fu Cha

황백계(黃柏溪) 등의 계곡 양변의 사토(砂土) 차원에서 생산되는 차를 "주차(洲茶)"라고하며 무이암차 중에서는 품질이 제일 떨어진다.

무이암차의 명성을 보호하기 위하여 무이산시의 무이산시 풍경구 내의 무이암차 명암산구(名岩産區) 및 무이암차(武夷岩茶) 원산지중 명암산구를 제외한 산지인 무이암차 단암산구(丹岩産區)에서 생산되는 차만을 무이암차로 인정하고 있다.

(1) 무이암차의 특징

무이암차의 외형적인 특징은 "조색형(條索形) ― 둥글게 말지 않고, 만들어진 차엽이 길게 비벼진 상태"이다. 중발효(中發酵) 종류 중에서는 발효도가 깊은 편이다. 이는 암차의 자연스럽고 깊고 풍부한 맛을 살리는데 적합하기 때문이다. 무이암차의 종류가 많고 그 종류마다 각각 다른 특징이 있지만 다른 종류의 차와 무이암차를 구별하는 가장 중요한 특징은 "암골화향(岩骨花香)"의 암운(岩韻)이다. 암골(岩骨)은 무이암차의 본래의 맛을 표현한 말이고, 화향(花香)

만감후(晩甘侯) : 당나라 때 문인손초(孫樵)의 글에서 사용되기 시작했는데 "만감후"란 "단맛이 늦게 나타난다. 마시고 난 후 느껴지는 맛이 달다"라는 뜻으로 무이암차를 의인화하여 칭찬하는 말이다.

工夫茶

은 무이암차의 기미(氣味)를 지칭하는 표현이다. 다른 차에서 쉽게 느낄 수 없는 추상적이기까지 한 암운이라는 말은 "향(香)·청(淸)·감(甘)·활(活)" 네 자로 귀납된다.

- **향(香)** — 반발효차인 무이암차는 녹차의 청향(淸香)과 홍차의 숙향(熟香)을 다 갖고 있으며 또한 진하고 그윽하다. 란향(蘭香) 같은 향이 깊고 오래간다. "예즉농장(銳則濃長) 청즉유원(淸則幽遠)"으로 표현된다. 그중에서도 상등품은 향이 더욱 뛰어나고 맑고 신선하며 그윽하고 심원하다.
- **청(淸)** — 맑고 투명한 등황색(橙黃色)의 차탕 색을 묘사하는 말로, 맑고 순수하며 조화로우며 활성있는 차 맛이 입에 달라붙는데 다른 잡맛은 찾아볼 수 없다.
- **감(甘)** — 뒷 맛이 달고 진하게 마셔도 쓰고 떫지 않다.
- **활(活)** — 무이암차를 마실 때 시각, 후각, 미각, 그리고 촉각 등의 모든 감각기관의 느낌을 초월하여 말로 표현할 수 없는 심령(心靈)의 느낌을 활(活)이라 표현한다.

1600여 년전 무이산의 사찰의 승려들 그리고 도교 도관의 도사들이 무이산에 차를 처음 심가 시작한 사람들일 것으로 추정하고 있다.

(2) 무이암차의 역사

차가 중국의 동남부 지역에 전파된 것은 2세기 무렵으로 알려져 있고, 그 후 오래 지나지 않은 시기에 무이산에 차가 전래되었을 것으로 추정하고 있다. 1600여 년전 무이산의 사찰의 승려들 그리고 도교 도관의 도사들이 무이산에 차를 처음

공부차 · Gong Fu Cha

심기 시작한 사람들일 것으로 추정하고 있다. 《숭안현지(崇安縣志)》에 따르면 당 정원(貞元)년 간(785~805) 쪄서 빻아 둥글게 빚은 "연고(研膏: 엑기스)" 차가 있었고 아마 이것이 최초의 무이암차였을 것이다. 문헌에 남아있는 최고의 기록은 당 원화(元和)년 간(806~820)이다.

당나라 손초(孫樵)가 대신에게 차를 선물하면서 보낸 편지 《송차여초형각서(送茶與焦刑刻書)》에 "만감후(晩甘侯) 15인을 정성으로 재각(齋閣)에 보냅니다. 이들은 모두 우뢰 칠

청나라 시대 차 무역 광경으로 해금(海禁)이 풀리면서 배를 이용한 차의 수출이 급격히 늘었다. 1842년 남경조약 이후 차의 대외 무역은 더욱 발전하였다.

工夫茶

工夫茶

때 따서 물을 맞아 하나 됩니다. 건양(建陽) 단산(丹山)은 물 맑은 고장으로 밝은 달이 시내를 비추고 맑은 하늘에 구름이 떠 있을 때 마실만한 차입니다. 부디 함부로 쓰지 마십시오."

암차를 의인화하여 만감후(晩甘侯)로 아름답고 품격 있게 표현한 것이 무이암차가 처음 얻은 별칭이다. 무이암차는 당나라 때는 "랍면(臘面)"4)을 만들었고, 송나라로 내려오면 "용봉단(龍鳳團)"을 만들었고, 북송년 간에는 조공품이 되었고 "북원차(北苑茶)"로 불리웠다.

북송 순화 5년(994) 숭안이 정식으로 현이 되었고, 문인 묵객, 고관 등 많은 사람이 줄을 지어 무이산을 찾았고 무이산의 명성이 높아졌다. 북원차로 불리던 것에서 벗어나 무이차라는 이름으로 차계에 우뚝 솟아 이름이 널리 퍼졌다.

소동파는 일찍이 그의 차시(茶詩) 중에서,

"무이 계곡가 차 싹, 정(丁)이 앞에서 채(蔡)가 뒤에서 서로 총애를 다투네"5)라는 무이차의 명성을 소개하는 시를 썼고, 원 대덕(大德) 6년(1302년)에는 무이산 구곡 제 4곡의 평탄한 곳에 황실용 차를 만드는 "어차원(御茶園)"을 짓고 관리 2명을 두어 매년 360근의 차를 만들어 바치게 했다. 어차

---

4) 랍면차(臘面茶): 차를 만들 때 향료, 고유(膏油)를 첨가하여 끓이면 탕색이 초 녹은 것처럼 보인다.

5) 정채(丁蔡) — 정은 정위(丁謂)를 말하며 그는 북송시 차정관원(茶政官員)으로 "대소용단(大小龍團)"을 만들어 바쳤으며 채는 《다록(茶錄)》의 저자 채양으로 "소룡차(小龍茶)"의 제작을 감독하였다. 여기서 소동파는 백성들의 수고를 무시하고 극성스럽고 사치스럽고 지나친 차를 만드는 두 사람을 비평 시로 표현했다.

명 주원장이 황제가 되어 조서를 내려 백성을 심히 괴롭히는 용단봉병(龍團鳳餠)을 만들지 못하게 하면서 산차(散茶)의 시대가 열렸다.

원은 255년 동안 유지되었고 이때가 무이암차의 최성기중 한 시대였다.

명 주원장이 황제가 되어 조서를 내려 백성을 심히 괴롭히는 용단봉병(龍團鳳餠)을 만들지 못하게 하면서 산차(散茶)의 시대가 열렸다. 이것은 차문화 역사상 일대 혁명이었다. 무이암차의 제조방법도 증청녹차(蒸靑綠茶)에서 초청녹차(炒靑綠茶)로 변화하였다.

명말 청초에 이르러 무이산 백성들의 탐색과 연구결과 반발효 오룡차가 만들어졌고 이것이 무이차의 품질을 다시 크게 올렸다. 이후로 오룡차가 대량으로 수출되기 시작했다. 청광서(淸光緖)년 간(1875~1908년)에는 무이암차의 년 생산량이 250톤에 달했고 일부 경내 소비되는 것외 대부분이 수출되어 싱가포르, 필리핀, 영국, 미국 등으로 팔려나갔다. 그리고 홍콩, 마카오 등으로 판매되는 양도 적지 않았다.

중화인민 공화국 성립 이후 수선차(水仙茶) 및 기종차(奇種茶)가 회복되었고, 다년간의 집중적인 노력의 결과 "육계(肉桂)"가 육성되었고 육계는 무이차의 중요한 품종 중의 하나가 되었다.

(3) 무이암차의 제조법

암차의 제조방법은 오룡차의 제조 범주에 속한다. 오룡차의 제조공정은 개괄적으로 나누면 위조(萎凋), 주청(做靑), 초청(炒靑), 유념(揉捻), 건조(乾燥)로 나눈다.

工夫茶

- **위조(萎凋)** — 오룡차를 생산하는 지역에서는 양청(涼靑), 쇄청(曬靑)이라고 한다. 위조공정을 통하여 수분과 풀 냄새가 줄어들고 차향이 발휘되기에 유리해 진다. 위조와 함께 발효도 진행된다.
- **주청(做靑)** — 주청은 오룡차 특유의 품질형성에 큰 영향을 미치는 중요한 공정이다. 위조를 마친 후에 찻잎을 요청기(搖靑機)에 넣고 간헐적으로 흔들어 일련의 생물화학적인 변화를 유도한다.
- **초청(炒靑)** — 진행되는 산화를 중지시키고 차향을 진하게 만드는 공정이다.
- **유념(揉捻)** — 유념은 차의 모양을 만들고 차 맛을 진하게 하는 공정이다.
- **건조(乾燥)** — 건조는 효소에 의한 산화를 억제시키고 수분을 증발시키며 열의 작용으로 쓰고 떫은 맛이 줄어들고 맛이 조화롭고 깊어진다.

무이암차의 제다방법은 기본적으로 오룡차 제다방법을 기초로 한다. 다만 발효 정도가 더 깊고 더 강한 불로 건조시킨다.

암차의 찻잎을 따는 요령은 녹차나 홍차와는 다르다. 녹차나 홍차 원료의 일반적인 요구 표준은 일기이창(一芽二葉: 차 싹 하나에 잎이 두 개) 혹은 일기삼창(一芽三葉)인데 반하여, 오룡차는 가지 끝에 새싹이 돋을 때 중개면(中開面)의

공부차 · Gong Fu Cha

3~4엽을 쓴다. 잎이 그보다 연하면 향이 부족하고 그보다 쇠면 향기도 약하고 맛도 깊지 않아 암차 특유의 여운을 만들어 내지 못한다.

    찻잎을 따는 시기는 춘차의 경우 곡우 후 입하 전, 여름 차의 경우 하지 전, 추차는 입추 후이다. 신선하고 완전한 잎이어야 하고, 비 오는 날이나 이슬 맺혀있는 잎, 태양이 쨍쨍 쬐는 날은 피해야 한다. 가장 적합한 채차 시간은 오전 9~11시, 오후 2~5시이다. 명총(名叢), 단총(單叢)에서 채취한 잎은 특별히 신경 써 극품(極品)을 만들기 위해 분리 제다한다.

개면(開面) 정도별 차 싹과 잎

오룡차를 만들 때는 중개면의 2~3엽 혹은 3~4엽을 쓴다.

소개면은 차 싹 밑의 첫 번째 잎이 두 번째 잎의 1/2 크기.

중개면은 2/3 크기.

대개면은 첫 번째 잎과 두 번째 잎의 크기가 비슷하다.

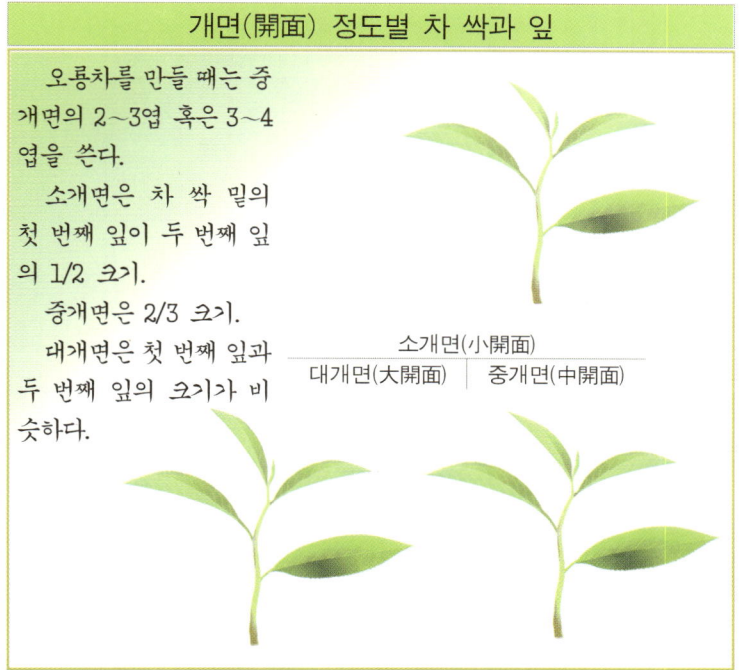

소개면(小開面) | 대개면(大開面) | 중개면(中開面)

工夫茶

工夫茶

품종별로, 바위가 다르면 각각의 바위 별로, 양산(陽山) 음산(陰山)을 구분하여, 습도가 다른 찻잎이면 습도가 같은 것끼리 구별하여 수집하여 제다에 들어간다.

암차의 제다공정을 자세히 정리하면 아래와 같다.

쇄청(曬靑)→ 양청(凉靑)→ 주청(做靑: 요청搖靑 혹은 주수做手)→ 초청(炒靑)→ 초유(初揉)→ 복초(復炒)→ 복유(復揉)→ 초배(初焙)→ 키질하여 선별→ 탄량(攤凉)→ 선별→ 복배(復焙)→ 키질하여 선별→ 보화(補火).

쇄청 시간은 품종 일광의 세기에 따라 조절한다. 이런 과정을 세심하게 살펴서 시간을 조절한다. 쇄청 간청쇄청(看靑曬靑) 이라는 말을 한다.

신선한 찻잎을 대나무 광주리에 평평하게 펴 실외에서 햇볕을 쪼여 잎에 있는 수분을 줄이면 푸른빛이 줄어들고 잎이

노총수선 신선한 잎을 실내 위조하고 있다. 양청(凉靑).

공부차 · Gong Fu Cha

요청기를 이용한 요청(搖靑)(위).
요청 중간 중간 손으로 뒤집으며 확인.

약간 부드러워지며 시든다. 두 번째 잎이 아래로 쳐지고 잎 표면의 광택이 사라지면 마친다. 쇄청 시간은 품종, 일광의 세기에 따라 조절한다. 이런 과정을 세심하게 살펴서 시간을 조절한다. 속칭 간청쇄청(看靑曬靑)이라는 말을 한다. 다시 실내로 운반하여 양청(凉靑) 열기가 발산되는 것을 기다려 위조된 잎을 주청한다. 비가 오면 인공적으로 가온 위조시키기도 한

工夫茶

다. 주청시는 요청기를 이용하고 사이사이 손으로 뒤집는다(做手). 쇄청 후의 차는 부단히 요청기나 대 광주리에서 흔들고 뒤집어줘야 한다. 이는 수분을 빨리 배출시키고 잎가를 마찰하기 위해서이다. 요청은 간헐적으로 진행된다. 요청 차수는 처음에는 적게 점점 증가시키고 강도도 점점 강하게 한다. 잠깐 쉬는 시간도 처음에는 짧게 점점 길게 한다. 그리고 이것을 처음부터 다시 5~7회 반복한다. 주청 과정 중 수분이 줄어들고, 요청 등청(等靑: 흔드는 과정에서 쉬는 시간) 발효 등에 8~12시간이 소요된다. 차의 품종, 기후, 쇄청 정도에 따라 시간은 달라진다.

회전하는 통으로 된 살청기에서 살청(殺靑)되고 있는 암차(岩茶)(좌).

무이 노총수선(老欉水仙)의 차탕(우).

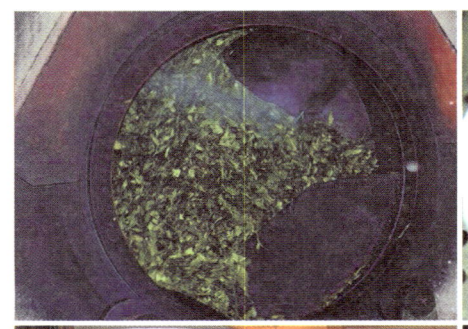

가열하여 건조시키는 홍배(烘焙) 공정(좌).

노총수선의 엽저(우리고 난후의 찻잎)(우).

공부차 · Gong Fu Cha

무이명총(武夷名叢)

위조를 통해 향기 물질량이 늘어나고, 주청을 통해 무이암차의 잎 가장자리가 붉은 색으로 변한다. 과정 과정을 매우 섬세하게 관찰하고 대응해야 제대로 된 암차를 만들 수 있다.

찻잎에 푸른빛이 가시면 바로 열을 가해 배제(焙制)한다. 암차의 배제과정 중 살청, 유념, 열을 이용해 말리는 3대 공정이 진행된다. 이런 덖고 말리는 과정이 같이 진행되는 것도 암차만의 독특한 방법이다. 살청 시 덖는 것은 사람이 손으로 하기도 하고 기계를 이용하기도 한다. 처음 덖을 때 솥의 온도는 240~260℃ 시간은 2분 정도 그리고 뜨거울 때 바로 20번

工夫茶

정도 유념한다. 2차로 덖고 비빈다. 즉 복초(復炒) 때는 200~240℃ 시간은 30초 정도. 다시 복유(復揉) 1분정도.

암차 홍배(烘焙)의 특징은 고온 홍배와 약한 불로 천천히 굽는데 있다. 두 번 덖고 두 번 비빈(二炒 二揉) 후에 초배(炒焙)한다. 온도는 100~110℃, 시간은 10~15분. 이 과정에서 70~80% 건조된다.

그 다음에 체로 치고 키질하여 부스러기와 얇은 마른 잎 등을 선별하여 버린다. 이어 평평하게 펴서 식히고 식은 뒤에 흔들어 줄기 등을 골라 제거한다. 이어 복배(復焙)를 진행한다. 75~85℃, 1~2시간 정도 온도와 시간으로 천천히 건조시킨다. 이렇게 무이암차의 모차(毛茶)가 만들어지면 다시 키질하여 부적합한 것을 골라 버리고 계속 연한 불로 열을 가해 완전히 건조시키면 무이암차가 완성된다.

(4) 무이암차의 분류

무이암차는 그 품종이 매우 많다. 옛날부터 지금까지 이어오는 품종이 1,000여 종을 헤아린다. 따라서 그것을 분류하기도 간단하지 않다. 상기종(上奇種), 기종(奇種), 명종(茗種), 소종(小種) 등으로 분류하기도 하고, 제총(提叢), 단총(單叢), 기종(奇種), 배차(培茶)로 분류하기도 한다.

암차의 차수(茶樹) 품종에 따라 채차(菜茶), 수선, 오룡, 기란(奇蘭), 도인(桃仁), 철관음(鐵觀音), 매점(梅占), 설리(雪梨), 황룡(黃龍), 육계(肉桂) 등으로 분류하기도 하며, 지역에 따라 대암차, 중암차, 반암차, 주차로 구분하기도 한다.

1970년 대에 와서 암차를 명암명총(名岩名叢), 보통명총(普通名叢), 품종(品種), 수선, 기종 등 다섯 가지로 분류하였다. 현대에 와서 산지, 품종, 품질을 모두 고려하여 분류방법을 정했다. 정암 지역의 원시적 품종을 씨로 번식한 차수의 차를 "정암기종" 또는 "기종"이라하고 품질기준에서 상등품이다. 반암 지역의 것을 "명종"이라 한다.

정암 지역의 원시 품종 중에서 생장 우량한 약간의 차수 군락 혹은 단주(單株)에서 채취하여 품질이 기종 중 뛰어난 것을 단총(單叢)이라고 한다. 각각의 단총들은 이름을 갖고 있는데 예를 들면, 생장환경에서 유래하여 이름 지어 불견천(不見天), 차수 형태 — 취해당(醉海棠), 찻잎 모양 — 과자금(瓜子金), 찻잎 색 — 태양, 차수 발아 시기의 늦고 빠름 — 영춘류(迎春柳), 차향 — 야래향(夜來香)등 헤아릴 수 없을 정도로 많은 품종이 있다.

수천 종에 이르는 단총기종 중에서 품질이 가장 뛰어나면서 독특한 것을 분리 채취 제다한 원시 품종 중 최상품 차를 "명총"이라 한다. 그 중에서도 유명한 4대 명총이 대홍포(大紅袍), 백계관(白鷄冠), 철라한(鐵羅漢), 수금귀(水金龜)이다.

4대 명총 외에도 차수 형상에서 이름을 얻은 취해당(醉海棠), 조금귀(釣金龜), 봉미초(鳳尾草), 옥기린(玉麒麟)과 차엽 모양에서 이름이 정해진 과자금(瓜子金), 금전(金錢), 죽사(竹絲), 금류조(金柳條) 등도 명총에 속하는 유명한 차이다. 명총은 생산량이 매우 적고, 차의 외형이나 내질이 각각 특성이 있고 더욱이 차마다 아름다운 전설을 간직하고 있어서

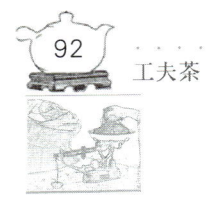

정말 가품(佳品)이라 할만하다.

무이암차가 세계적으로 유명한 것도 명총과 때어 생각할 수 없다. 그 외 우수한 품종을 무성번식(꺾꽂이나 휘묻이)한 차수에서 채취하여 제다한 암차, 예를 들면 수선, 오룡(오룡차의 오룡이 아닌 차수 품종), 기란, 매점, 육계, 철관음, 모해(毛蟹) 등은 차수명이 그대로 차명이 된 것들인데 각각 일가를 이루어 이름을 자랑한다.

무이암차는 대부분 품종 명이 차명이 된 것이다. 어느 정도 생산량이 되어야 품종 차로 인정받는다. 수선, 육계, 오룡, 불수(佛手) 등이 여기에 속한다. 원시품종 중에서 선발되어 이름이 알려진 명총, 단총은 생산량이 매우 적어서 대량으로 거래되지 않으며 품종차보다 높게 취급된다.

무이암차는 대부분 품종 명이 차명이 된 것이다. 어느 정도 생산량이 되어야 품종 차로 인정받는다. 수선, 육계, 오룡, 불수(佛手) 등이 여기에 속한다.

무이암차(武夷岩茶)의 품종 등급

명총(名叢)

품종차(品種茶)

기종(奇種)

- 명총(名叢) — 암차중 최상품. 대홍포, 백계관, 철라한, 수금귀 등.
- 품종차(品種茶) — 대량으로 번식된 무이암차의 중견.
- 기종(奇種) — 무이산 원시 품종을 씨로 번식된 차. 품종의 종류가 매우 많다.

공부차 · Gong Fu Cha

무이산시(武夷山市) 차 산지와 품질

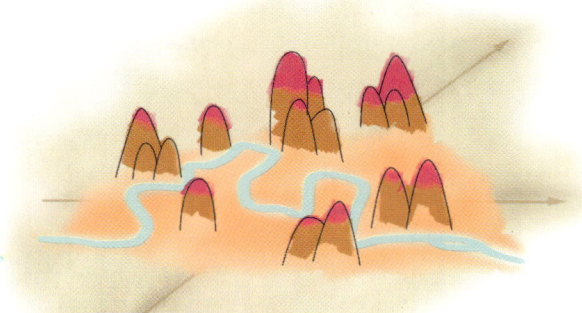

■ 정암차(正岩茶) 산지 ─ 무이산 풍경구 내 해발이 높은 지역의 바위와 봉. 개괄적으로 말하여 "3갱2간"-혜원갱, 우란갱, 대갱구, 유향간, 오원간 등지. 암운이 두드러지고, 향이 맑고 진하고 오래가는 정통 무이암차.

■ 반암차(半岩茶) 산지 ─ 삼대갱 이외의 구곡계 일대 해발이 낮은 지역의 바위와 봉. 청사암, 벽석암 일대에서 나는 차는 암운이 정암차보다는 약하다. 마두암, 사자구, 구곡계 근처에서 나는 차는 암운이 미약하다.

■ 주차(洲茶) 산지 ─ 구곡계변의 평지.

    무이산 동북방 차원 ─ 향은 비록 미흡하나 맛은 부드럽고 조화롭다.
    무이산 서북방 차원 ─ 해발은 높지 않지만 자연 환경이 비교적 양호하다. 잎이 윤이 나고 튼실하며, 향도 짙고 오래가며 맛도 진하며 깊으나 암운이 없다.
    무이산 서남방 차원 ─ 향이 좋고 주차 중 중등 정도이다.
    무이산 동남방 차원 ─ 해발이 낮은 지역 비교적 넓은 차원으로 무이산 근처로 주차와 비슷한 품질이나, 쓰고 떫은 맛이 강하고 향은 높으나 오래가지 못한다.

(5) 무이암차의 정품(精品)

무이암차는 종류가 매우 많고 품질이나 그 가격의 차이도 대단히 크다. 명총(名叢)은 생산량이 많지 않으나, 그 개성 있는 고유의 품질을 오랫동안 지켜오고 있으며, 풍부하고 감동적인 전설이 있는 모든 사람이 인정하는 진품(珍品)이다. 또한 제대로 제다된 우수한 품종차, 예를 들면 육계, 수선 등도 맛이 신선하고 매끄럽고 뒷맛이 달아서 중요하게 자리매김 되고 있다.

대홍포(大紅袍)

"암차의 왕", 오룡차 중의 "차성(茶聖)" 등의 칭호를 받고 있는 무이 명총이다. 모본(母本) 대홍포는 무이산 풍경구 천심암 구룡과(九龍窠)의 절벽 위에 있다. 절벽에는 주홍색 글씨로 "대홍포"가 새겨져 있다. 주덕(朱德)의 글씨이다.

대홍포는 관목형으로 수관(樹冠)이 약간 벌어지고, 가지가 비교적 밀집해 있고 잎은 위로 향하여 피어나고 약간 넓은 타원형이고 끝이 약간 아래로 굽어있다. 잎은 안으로 조금 굽어지고 짙은 녹색으로 광택이 나며, 새싹은 자색을 띤 짙은 녹색이고, 솜털이 돋아있다.

무이산 천심암 구룡과 절벽 위에 있는 6그루 모본(母本) 대홍포(大紅袍).

공부차 · Gong Fu Cha

양쪽으로 절벽이 솟아 있어 일조 시간이 길지 않으며 기온의 변화도 크지 않다. 더욱 기묘한 것은 절벽 위의 작은 샘에서 일년 내내 물이 흘러 내려오고 그 물이 유기물질을 함유하여 영양을 공급하면서도 고이지는 않고 아래로 흘러 배출된다. 물을 따라 흘러내리는 이끼류 썩은 유기물이 비옥하다. 정말 하늘이 내린 둘도 없는 명차를 위한 환경이다.

대홍포(大紅袍)의 잎

대홍포는 관목형으로 수관(樹冠)이 약간 벌어지고, 가지가 비교적 밀집해 있고, 잎은 위로 향하여 피어나고 약간 넓은 타원형이고 끝이 약간 아래로 굽어있다. 잎은 안으로 조금 굽어지고 짙은 노색으로 광택이 나며, 새싹은 자색을 띤 짙은 녹색

바로 앞에서 촬영한 절벽 위의 대홍포(大紅袍) 나무.

이고, 솜털이 돋아있다.

   대홍포 차나무는 수령이 이미 1,000년에 달하는 찾아보기 힘든 보배이다. 현재 구룡과 절벽에 6그루가 있는데 국가 1급 보호대상이다. 매년 봄이면 높은 사다리를 놓고 차를 따는데 그 생산량은 매우 적다.

   대홍포는 진귀하고 품질 또한 뛰어나서 많은 사람들의 호기심을 불러일으키는데, 그 이름의 유래에 대한 전설도 많다. 송나라 때 어차원(御茶園)이 설치되었고, 황제의 칭찬을 받는 차였다. 붉은 옷을 입은 관리를 파견하여 지키게 했는데 관리가 옷을 벗어 나무에 걸어두고 차를 따서 대홍포라는 이름을 얻었다. 또 다른 설은 명나라 시절 향시에 합격하고 수도로 과거시험을 보러가는 선비가 구룡과를 지날 때 갑자기 병을 얻어 천심(天心) 영락사(永樂寺)에 머물렀다. 방장 스님이 구룡과의 차를 우려 마시게 하니 병이 바로 나았다.

   이 선비가 과거에서 장원급제하였고 돌아 올 때 절에 들려 감사의 제를 올렸으며 이때 입고 있던 대홍포를 생명을 구해준 신차(神茶)에 걸어두고 절을 하였다. 여기에서 대홍포라는 이름을 얻었다는 설이 있다.

   또 다른 이야기는 차가 절벽에 있어 올라가 딸 방법이 없었다. 그래서 절에서 원숭이를 붉은 옷을 입히고 훈련시켜 따도록 했다는 설도 있다.

   다른 설은 천심사 스님들의 이야기에 의하면 대홍포라는 이름은 청나라 때부터 시작되었는데, 이는 봄에 자홍색을 띤 새싹이 나와 멀리서 보면 나무에 불붙는 것처럼 보여 마치 붉

은색 옷을 걸친 것 같아 대홍포라는 이름을 얻었다. 이런 여러 가지 전설은 대홍포의 신비를 더욱 증가시킨다.

대홍포는 성장환경이 천하에 뛰어나고, 전부 수공으로 정교하게 제다되어 그 품질이 탁월하다. 만들어진 차는 튼실하고 녹갈색에 윤이 나고 탕색은 등황색으로 맑다. 엽저는 가장자리가 붉은 녹색 잎이 아름답다.

대홍포의 가장 두드러진 특징은 란화향이 짙고 높으며 오래가고, 암운이 뚜렷하다. 마시고나면 입안 가득히 고이는 향이 쉽게 사라지지 않는다. 보통 명차라도 일곱 번을 우리면 맛이 엷어지는데 대홍포는 아홉 번을 우려도 그 참 맛이 그대로이다. 대홍포를 마실 때는 반드시 작은 차호, 잔으로 천천히 음미하여야 암차의 암운을 제대로 감상 할 수 있다.

대홍포는 생산량이 매우 적어서 보통 사람이 한 잔 마실 수 있는 행운을 얻기는 거의 불가능하다. 1980년대 대홍포를 무성생식 번식 육묘하여 무이산의 생태환경이 다른 여러 곳에 식재 성공하여 그중 몇 군데 특정 생태환경 지역에 보급하였다. 무성생식으로 번식된 대홍포 후대는 모본의 우량한 특성을 그대로 보존하고 있다. 현재 무성 생식된 대홍포는 상당히 보급되어 있다.

현재 시장에서 팔리는 대홍포는 특별한 설명이 없으면 모두 접목된 품종의 대홍포인데, 향은 약간 미세하지만 오래가고, 맛도 조화로우며 달고, 마신 후의 여운도 맑고 강하여 품질의 표본이라 할만하다.

工夫茶

대홍포의 가장 두드
러진 특징은 란화향
이 짙고 붉으며 오래
가고, 암운이 뚜렷하
다. 마시고나면 입안
가득히 고이는 향이
쉽게 사라지지 않는
다. 보통 명차라도
일곱 번을 우리면 맛
이 엷어지는데 대홍
포는 아홉 번을 우려
도 그 향 맛이 그대
로이다. 대홍포를 마
실 때는 반드시 작은
차호, 잔으로 천천히
음미하여야 암차의
진운을 제대로 감상
할 수 있다.

완성된 대홍포(大紅袍).
찻잎이 두텁고 튼실하며 갈녹색으로 윤이 나고 탕색은 등황색으로 맑다.

모본 대홍포의 차 따기 및 제다 전 과정

- 일시 : 2004년 4월 29일 오전 10시.
- 날씨 : 흐림.
- 차엽 채취장소 : 구룡과 모본 대홍포.
- 차엽 채취하는 사람 : 슈마오싱(徐茂興), 시우밍(修明), 마매이룽(馬梅榮), 리우잉춘(劉迎春), 천전잉(陳珍英).
- 채취 차엽량 : 3.4Kg.

11시 50분 신선한 차엽을 선반 위 광주리에 넣어 일광 위조시키고 있다(위).

12시 50분 푸른 잎이 어두운 색으로 변화(좌).
바로 딴 신선한 찻잎(원형사진). 14시 36분 잎의 상태가 시들어가고 색은 어두워지고 이때 수분은 16% 정도 감소(우).

공부차 · Gong Fu Cha

14시 36분 : 실내에서 펼쳐 널었다가 흔들고 뒤집는다. 양청(凉青) 이어 주청(做青).
16시 00분 : 제1차 요청 가볍게 15회.
17시 20분 : 제2차 요청 가볍게 55회.
18시 30분 : 제3차 요청 가볍게 100회.
20시 10분 : 제4차 요청 약간 세게 350회. 그리고 손으로 뒤집기.
22시 00분 : 제5차 요청 세게 600회 손으로 뒤집기.
다음날 0시 10분 : 제6차 요청 세게 900회 손으로 뒤집기.
제5차 요청 후의 잎 상태 잎 가장자리에
① 홍색 출현이 뚜렷하게 난다.
② 마지막 요청후 쌓아둔 차, 일명 "계와상(鷄窩狀)"
③ 주청이 끝난 차. 3-홍7-록(30%가 붉은 색 70%가 녹색) 향기가 코를 찌른다.

工夫 茶

工夫茶

02시 00분 : 초청개시 첫 번째 덖는 것을 초청. 두 번째 덖는 것을 초숙(炒熟)이라 한다.

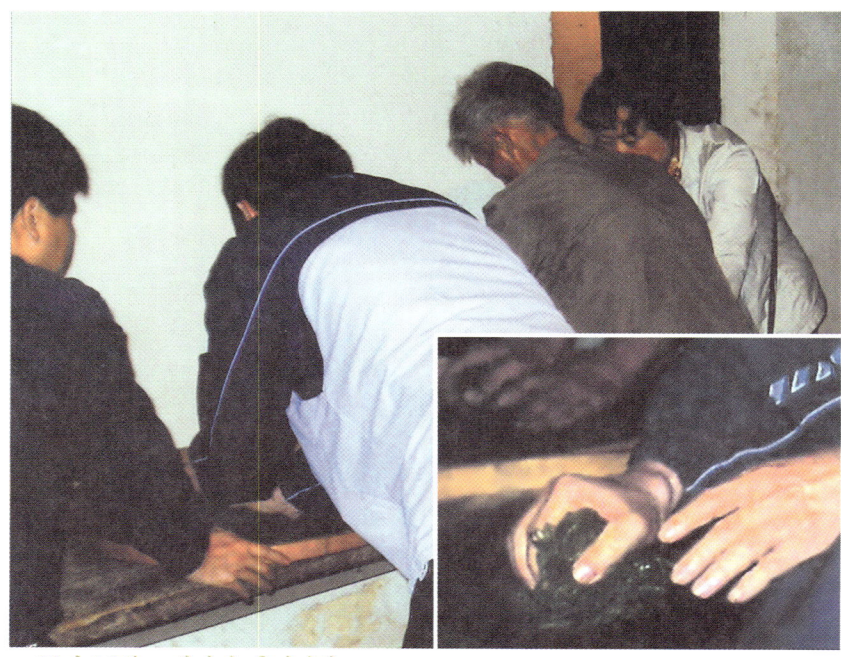

02시 10분 : 제다사 유념시작.

공부차 · Gong Fu Cha

02시 20분 : 홍건(烘乾) 시작(위).

홍건은 주수(走水-수분 제거)와 족건(足乾-충분히 건조)으로 구분. 홍간이 끝나 완성된 대홍포 무게 716g 봉지에 넣어 보관한다(아래).

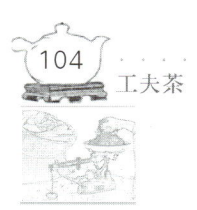

대홍포와 천더화

난치앙(南强)[1]

천더화(陳德華)는 무이산의 유명한 차인으로 대홍포의 발전과 뗄 수 없는 사람이다. 그는 평소 말수가 적고 사람들과 어울리기를 좋아하지 않으며 조심스레 행동한다. 마치 대홍포처럼 신비스럽기까지 한다.

2004년 어느 가을 날 싱위엔(星愿) 공사의 사무실에서 늘 만나고 싶어했던 그를 만났다. 그는 키가 크고 얼굴이 긴 편이며 인상이 매우 부드러웠다. 65세로 보기에는 너무 젊었다. 대홍포에 대해서는 손바닥 보듯 환히 알고 있었고 흥미진진한 이야기가 꼬리를 물고 이어졌다. 그가 말하기를 42년 전부터 그와 대홍포는 떼려야 뗄 수 없는 관계를 유지하고 있다고 했다.

42년 전 그는 푸안 농업학교를 졸업하고 무이산 차 과학연구소로 발령받았다. 처음 구룡과의 대홍포를 보았을 때는 별다른 생각이 없었다. 얼마 지나지 않아 성 과학연구소에 근무하는 친한 친구가 찾아와서 상부의 명령이라며 대홍포 모수 몇 가지를 연구용으로 잘라가겠다고 했다. 그 친구를 수행하여 대홍포 모수에 갔을 때 천더화는 호기심이 생겨 자기도 몇 가지 심고 싶었다. 친구에게 부탁하였더니 엄하게 거절하며, 상부의 지시가 "잎 하나도 건드리지 못한다"라고 했다. 이 일은 천더화에게 큰 자극이 되었다. 무이산의 차를 무이산 차 과학

대홍포를 맛보고 싶어 하는 사람도 날이 갈수록 많아지는데, 모수에서 생산되는 대홍포는 겨우 몇 백 그램에 불과했다. 이 대홍포는 이 지방 현장이 관리하여 돈이 있어도 구할 수가 없었다. 하물며 일반 백성은 맛이나 볼 수 있겠는가? 이제 대홍포의 번식에 성공하였고 생산량은 이후 점점 늘어날 것이다.

---

[1] 난치앙(南强): 중국작가협회 회원. 난핑시 문련 부주석. 난핑시 작가협회 부주석. 국가직업 평차사(評茶師)이며 《행운》, 《고전기연》 등의 작품집이 있고, 《무이암차》라는 무이암차를 정리한 책을 썼다.

공부차 · Gong Fu Cha

무이산 차과학 연구소 소장을 은퇴한 무이산차 애호가 천더화 선생(좌)과 옮긴이 박용모(우). 대홍포 품다(品茶).

연구소에서 시험재배도 못한다는 것이 받아들이기 힘들었다. 그는 마음속에 원을 세우고 대홍포를 연구할 날을 기다렸다. 20년 후 그가 차 과학연구소의 소장이 되었을 때 그의 소원은 실현되어 대홍포의 시험재배에 성공하였다.

1985년 성 차 관련 회의에서 그는 옛날 그 친구를 다시 만났다. 그는 친구에게 농담처럼 "네가 전에 가져갔던 대홍포 이제 돌려다오"라고 말했다. 친구는 그를 차수품종 재배원으로 데리고 가서 다섯 가지를 잘라주었다. 그는 보물을 운반하는 것처럼 조심하며 가지고 돌아왔다. 이것은 잘 자라주었다. 이 때 그는 큰 미래를 설계하였다.

대홍포의 명성은 날이 갈수록 높아가고, 대홍포를 맛보고 싶어 하는 사람도 날아 갈수록 많아지는데, 모수에서 생산되는 대홍포는 겨우 몇 백 그램에 불과했다. 이 대홍포는 이 지방 현장이 관리하여 돈이 있어도 구할 수가 없었다. 하물며 일반 백성은 맛이나 볼 수 있겠는가? 이제 대홍포의 번식에 성공하였고 생산량은 이후 점점 늘어날 것이다. 시장에 공급한다면 소비자의 요구를 충족시킬 수 있지 않겠는가? 그는 몇 킬로그램의 대홍포를 시험제다 하여 담뱃갑 크기로 포장하여 시장에 선을 보였다. 그는 품질에 매우 신경을 썼지만 안심하지 못

했다. 그러나 시장의 반응은 뜨거웠고 시제품 차는 금방 동이 났다. 광둥의 어떤 차상은 돈을 싸들고 찾아와서 다음 해의 차를 예약하고 싶어했다.

시장의 반응이 좋다 해도 대홍포의 시험제배에 성공한지가 얼마 되지 않아 생산량은 시장의 요구를 수용할 수 없었다. 그는 깊고 광범위하게 시장조사를 한 결과 다음 사실을 알아냈다. 대홍포를 찾는 한 종류의 사람들은 대홍포의 명성에 이끌려 "대홍포는 과거에 황제가 마시는 차로 나도 한번 마셔보고 황제의 기분을 느껴보자"라는 부류와 또 한 부류는 차를 알고 차의 품질을 중요시하며 특히 암차 특유의 암운을 즐긴다. 위의 두 부류 모두 대홍포의 모수(母樹)나 순종 품종에 대해서는 별로 중요시하지 않았다. 그 결과를 보고 천더화는 대홍포의 명성을 이용하고, 품질과 품격이 비슷한 차를 만들기로 생각을 굳혔다. 무이산에는 많은 종류의 차가 있고 그 중 어떤 차는 대홍포에 버금간다. 예를 들면 육계 같은 차는 향이 대홍포보다 오히려 진하고 뛰어나며, 수선 같은 차는 맛이 더 조화롭고 깊다. 이런 장점들을 종합하면 좋지 않겠는가? 기술적으로 말하면 큰 문제가 없다. 종합은 다시 말하면 섞는 것이다.

제다과정 중 안정적인 품질을 유지하기 위해서는 기술이 필요하다. 과거의 차를 배합하는 방법은 같은 종류의 등급이 다른 차를 섞는 것이었다. 그러나 지금하려는 것은 같은 등급의 다른 종류의 차를 섞으려는 것이다. 시험은 그리 오래지 않아 성공했다. 순종 대홍포와 우수한 암차를 섞어 만들었는데, 향, 탕색, 암운 모두 순종 대홍포에 못지않았다. 그 결과 빠른

무이산에는 많은 종류의 차가 있고 그 중 어떤 차는 대홍포에 버금간다. 예를 들면 육계 같은 차는 향이 대홍포보다 오히려 진하고 뛰어나며, 수선 같은 차는 맛이 더 조화롭고 깊다. 이런 장점들을 종합하면 좋지 않겠는가? 기술적으로 말하면 큰 문제가 없다. 종합은 다시 말하면 섞는 것이다.

공부차·Gong Fu Cha

시간 안에 소비자의 인정을 받았고 무이암차의 대표적인 상품이 되었다. 지금에 와서 차 과학연구소와 싱위엔 공사가 연합하여 생산하는 이 제품이 전통적인 차오산(潮汕) 지역뿐만 아니라 북경 등의 대도시에서도 귀한 차로 대접받으며 경제적 이익을 크게 얻고 있다.

천더화 상품 대홍포 성공 이후 바로 많은 모방품들이 쏟아져 나와 시장의 혼란을 초래하여 소비자들의 원성을 샀다. 천더화가 처음에 전혀 예상하지 못했던 일이었다.

그나마 다행스러운 것은 무이산시 정부가 전문가들의 의견을 수렴하여 대홍포의 기준을 세우고 품질심사 평가를 시작했다. 그러나 대홍포의 시장상의 혼란은 여전히 남아 있으므로 소비자는 세심히 생산공장 및 합격표시 등을 확인해야 진짜 대홍포의 상품차를 마실 수 있다. 그래야 황제의 기분을 제대로 느낄 수 있다.

工夫茶

철라한(鐵羅漢)

철라한은 가장 오래된 명총이다. 청나라 곽백창(郭柏蒼)은 《민산록이(閩産錄異)》에서 "철라한은 무이차 수명(樹名)으로 잎이 긴 편이다." 원래 혜원암 귀동(봉과갱이라고도함)에서 자란다. 차나무가 좁은 바위틈에서 10자가 넘게 뿌리를 내리고 있다. 양쪽으로 높은 절벽이 솟아 있고 물이 흘러 양분을 공급한다. 철라한은 차수가 비교적 키가 크고 무성하고 잎은 길고 크며 잎색은 연하면서 빛난다. 철라한은 신기하게 병을 치료한다. 1890~1931년 전후로 혜안현의 많은 환자가 시집천(施集泉)이라는 이름의 찻집에서 끓여준 철라한을 마시고 병이 나았다. 나한이 세상과 사람을 구한 것 같다고 하여 "철라한"이라는 이름을 얻었다.

철라한을 무성 생식하여 심은 차가 무이산 여러 곳에서 잘 자라며 품질 또한 매우 좋다. 완성된 철라한은 외형이 튼실하고 색은 청갈색으로 기름기가 있는 것처럼 약간 윤이 난다.

철라한 완성된 차 모양
철라한 엽저 | 철라한 탕색

또 다른 민간 전설에 의하면, 서왕모(西王母)가 500나한을 초대하여 잔치를 하는데, 차를 주관하는 나한이 취하여 손에 잡고 있던 차 가지를 꺾어 떨어뜨렸는데 그것이 혜원갱으로 떨어졌다. 한 늙은 농부가 그것을 주웠는데 밤에 꿈속에서 라한이 나타나 "혜원갱에 심어서 나중에 차를 만들면 백 가지 병을 치료할 수 있을 것이다." 여기서 철라한이라는 이름이 생겼다고도 한다. 원 철라한을 무성 생식하여 심은 차가 무이산 여러 곳에서 잘 자라며 품질 또한 매우 좋다. 완성된 철라한은 외형이 튼실하고 색은 청갈색으로 기름기가 있는 것처럼 약간 윤이 난다. 향은 강하지 않으나 함축되어 있고, 맛은 조화롭고 깊으며 달고 개운하다. 뒷맛이 아주 달고 탕색은 금황색으로 맑고, 엽저는 잎 가장자리의 붉은 색이 뚜렷하다.

백계관(白鷄冠)

백계관은 명나라 때부터 알려진, 대홍포보다 앞선 명총이다. 원산지에 대해서는 두 가지 설이 있는데 첫째는 무이산 혜원암 화염봉 아래 외귀동이고, 두 번째는 무이궁의 문공사(文公祠) 안이다. 백계관을 제외한 무이산의 차들은 잎은 흑록색이며 돋아나는 싹이 꼿꼿하고 솜털이 없고 깔끔하다. 오직 백계관 만이 새싹 잎으로 퍼질 때 부드럽고 연한 것이 비단 같고, 연한 록황색이고, 진한 녹색의 묵은 잎과 선명한 색의 층을 이룬다. 잎이 굽어 닭벼슬 같아 백계관이라는 이름을 얻었다.

백계관은 4대 명총 중 하나로 여기에도 당연히 많은 전설이 있다. 명대에 한 지부(知府: 부장관)가 가족을 데리고 무

 工夫茶

이궁에 들렀는데, 그 아들이 갑자기 괴질에 걸려서 배가 황소처럼 불러오는데 약을 써도 듣지 않았다. 절의 스님 한 분이 작은 잔에 차를 올려 지부가 마셔보니 맛이 매우 좋았다. 그래서 그 아들에게도 마시게 하니 마시고나서 병이 곧 나았다. 그 이름을 물으니 스님은 백계관이라 대답했다. 지부가 그것을 가져가 황제에게 바치니 황제가 맛보고 나서 매우 기뻐했다. 그리고 칙령을 내려 절에서 그 나무를 지키도록 하고, 어차로 정해 매년 진상하도록 했다. 그리고 절에는 매년 은 백 냥과 곡식 40석을 하사했다. 이것은 청대까지 이어져왔다. 백계관의 높이는 1.75미터이고 가지가 매우 많다.

백계관 만이 새싹 앞으로 펴질 때 부드럽고 연한 것이 비단 같고, 연한 녹황색이고, 진한 녹색의 묶은 잎과 선명한 색의 촉을 이룬다. 잎이 굵어 닭벼슬 같아 백계관이라는 이름을 얻었다.

무이산 구룡과 명총원 — 백계관을 비롯하여 수금귀,
철라한, 야래향, 백단향 등 27개 품종이 자라고 있다.

공부차 · Gong Fu Cha

백계관의 새싹

잎은 긴 타원형이고 짙은 녹색으로 광택이 있다. 여린 잎은 얇고 부드러우며 연한 녹황색이다. 대량재배에 성공한 백계관으로 만든 차는 탕색이 유백색을 띤 미황색으로 맑고, 향이 코를 찌르고 맛은 청량하고 달다.

수금귀(水金龜)

수금귀는 천심암 우란갱(牛欄坑) 두갈채봉(杜葛寨峰) 아래 반 절벽에서 자란다. 수금귀는 청말에 유명해졌고 그 소유권에 관해서 재미있는 이야기가 있다. 수금귀의 차나무는 원래 천심암 두갈채 아래 있었다. 어느 날 큰 비가 바가지로 퍼붓듯이 내렸다. 비로 꼭대기의 차원이 붕괴되면서 차나무가 물에 쓸려내려 우란갱 머리의 움푹한 바위에 걸렸다. 난곡암 주

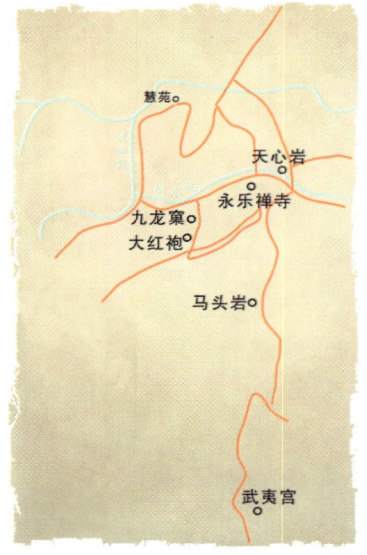
무이산 사대명총 원산지 표시도

인이 바로 주위를 쌓고 흙을 운반하여 채웠다. 그 가지가 교차된 것이 거북등의 무늬 같아 수금귀라는 이름을 얻었다.

1919~1920년에 뢰석사와 천심암 영락선사가 수금귀의 소유권을 놓고 소송을 벌렸다. 법원의 판결은 그 차나무가 인위적으로 옮겨지지 않고 자연적으로 옮겨진 것이기 때문에 란곡 소유라고 판결하였다. 이 사건에서도 차수의 명성과 가치를 충분히 알 수 있다. 수금귀는 수피가 회백색이고 가지가 약간 굽어 있고 잎이 긴 원형이고 취록색(翠綠色)이고 광택이 있고 품질이 지극히 뛰어난다.

무이육계(武夷肉桂)

육계는 암차의 주인이라고 할만한 품종으로 암차의 운미(韻味)가 잘 나타난다. 전형적인 오룡신차의 모양으로 만들어진 처음 해내하니가 고르고 단정하며 굽어 있고 갈록색이고 빛나고 윤기가 난다.

무이육계는 옥계(玉桂)라고도 하며《신숭안현지(新崇安縣志)》에 따르면 원산지가 혜원암이라고 하는데 무이 마침봉(馬枕峰)이라는 설도 있다. 무이명총 중 하나로 청조에 이미 이름을 날렸다. 나무가 큰 관목형으로 크게 퍼지지는 않고 꼿꼿한 편이고 높이와 폭이 2미터 이상이다. 육계는 계피향이 나서 얻은 이름이다. 오랫동안 육계의 생산량은 미미했다. 1950년대에 와서 많은 노력으로 육계의 명성이 새롭게 부각되었다. 1960년대에 오면 육계의 빼어난 품종은 사람들의 인정을 받아 재배면적이 확대되었다.

현재는 무이산의 수렴동(水簾洞), 삼앙봉(三仰峰), 마두암(馬斗岩), 계림암(桂林岩), 천유암(天游岩), 선장암(仙掌岩), 향성암(響聲岩), 백화암(白花岩), 죽소(竹巢), 벽석(碧石), 구룡소(九龍巢) 등지까지 확대되어 1980년대 초에 몇 무(畝) 되지 않던 재배면적이 무성생식으로 번식한 것이 3만 무에 달한다. 무이암차의 주요 품종이 되었다. 육계는 암차의

공부차 · Gong Fu Cha

주인이라고 할만한 품종으로 암차의 운미(韻味)가 잘 나타난다. 전형적인 오룡산차의 모양으로 만들어진 차엽 하나하나가 고르고 단정하며 굽어 있고, 갈록색이고 빛나고 윤기가 난다. 잎 뒤쪽에 부분적으로 청개구리 같이 작은 흰 반점이 있다. 만들어진 마른 차는 진한 달콤한 냄새가 나고 연하게 계수나무 향도 낸다. 우린 차 탕은 과일 향과 계피향이 뚜렷하다. 좋은 것은 우유 맛이 나고 여러 번 우려도 향이 여전하다.

무이육계 완성된 차 모양
무이육계 엽저 | 무이육계 탕색

탕색은 등황색으로 맑고 투명하고, 맛이 조화롭고 뒷맛이 달며 목으로 넘어간 후에도 입 안 가득히 향이 남는다. 엽저는 황색이고 붉은 점이 선명하여 록색 잎에 붉은 테를 두른 듯하다. 6~7회 우려도 여전히 암운이 나타난다. 전통적인 육계는 화배(火焙 : 약한 숯불로 열을 가해 건조)를 길게 하여 약하게 눌은 맛이 나기도하며 탕색이 붉은 빛이 약간 나는 금황색이다. 그래서 약하게 발효시키고 화배도 약하게 한 육계가 만들어 지는데 우유 맛이 약하게 나고 탕색도 엷은 편이다.

무이수선(武夷水仙)

수선 품종은 오룡차에 적합하다. 단 산지에 따라 각각 그 이름도 다르다. 민북 차 산지에서는 푸지엔 수선종으로 민북 오룡차 제다기술을 적용하여 잎이 길게 말린 모양의 오룡차를 만들고 이를 민북수선이라 부른다. 무이산의 수선종은 암차수선 또는 무이수선이라 하고, 민남 잉춘(迎春) 지역에서는 푸지엔 수선종으로 민남 오룡 제다방법으로 제다하여 민남 수선이라한다. 광둥 라오핑(饒平), 차오안(潮安)에서는 차오안 봉황산의 봉황 수선종으로 제다한 오룡차를 봉황 수선이라 한다. 무이수선 역시 무이차 중 우수한 품종이다. 《홍루몽(紅樓夢)》에서 가보옥(賈寶玉)이 가장 즐겨 마시던 "노군미(老君眉)"가 바로 무이수선이다. 수선은 육계처럼 나중에 나온 품종이지만 뛰어난 품종이다. 수선의 그윽함과 육계의 예리함은 시경의 국풍과 굴원의 이소(離騷)처럼 쌍벽을 이룬다.

수선 차수의 원산지는 지엔양(建陽) 수이지(水吉) 따후촌

민북 차 산지에서는 푸지엔 수선종으로 민북 오룡차 제다기술을 적용하여 잎이 길게 말린 모양의 오룡차를 만들고 이를 민북수선이라 부른다.

(大湖村) 엄의산(嚴義山) 축선동(祝仙洞)이다. 도광(1821년)년 간에 췐조우(泉州) 따후촌에 사는 쑤(蘇)씨가 하루는 엄의산 축선동 아래를 지나다 한 그루의 차나무를 발견하였는데, 잎을 따가지고 돌아와 오룡차를 만들었더니 천연 화향이 났다. 그래서 이름을 "축선"이라 지었는데 "축(祝)"과 "수(水)"의 그 지방 발음이 같아 "수선"으로 지어졌다. 후에 무이산으로 옮겨 심어 번식되었는데 우수한 품종의 특성이 더욱 두드러졌다. 무이수선은 반교목형으로 수세가 크고 높다. 자연생장된 것은 높이와 폭이 5미터 내외이고 가지가 직립이고 주 줄기가 굵다. 잎은 진한 녹색에 광택이 많이 나고 표면이 매끄럽고 두텁다.

무이수선차
잎의 끝은 개구리 머리같이 주름이 있고
중간은 검은 빛이고 끝부분은 담홍색이다.

 工夫茶

만들어진 차는 잎 하나하나가 크고 튼실하며 단정하며 끝이 개구리 머리처럼 주름이 있고 소위 삼절색(三節色)으로 머리는 담황색 중간은 검은색 미부는 담홍색이다. 잎 표면은 두꺼비 등이라고 하여 우둘투둘하다. 수선은 난화향이 퍼지고 진한 등황색이고 맛은 조화롭고 깊으며 마시고 난 후의 여운이 뚜렷하다. 엽저는 두껍고 부드러우며 밝은 황색이고 가장자리로 우둘투둘한 질감에 붉은 빛을 띤다. 즉 삼홍칠록(三紅七綠)이다. 여러 번 우려 마실 수 있고 오랫동안 저장해도 품질이 좋다. 무이수선은 품질이 안정되어 인기가 식을 줄 모르고 갈수록 많은 사람들의 사랑을 받는다.

무이수선의 엽저 모양

| 무이수선 첫 번째 우린 차 탕색 | 무이수선 두 번째 우린 차 탕색 |

매점(梅占)

매점은 원산지가 안시(安溪) 루티엔(蘆田)이다. 청도광 원년(1821년)부터 심기 시작했다. 민남, 민중, 민북 및 저쟝성 쟝수성까지 퍼진 품종이다.

매점은 적응성과 저항성이 강하고 단위당 생산량도 많다. 재배하는 지방마다 다른 오룡차를 만드는데, 향과 맛이 독특하고 품질이 비교적 좋다. 홍차나 녹차를 만들기도 하는데 향도 괜찮고 맛도 조화롭다. 난화향을 갖고 있다. 1970년대 이후에 무이산에 심기 시작했고 잘 자라며 품격이 속되지 않다.

매점은 적응성과 저항성이 강하다.

현재 매점은 이미 무이암차 중 우수한 품종으로 인정받고 있으며 특히 "삼갱" 내에서 나오는 매점은 알아준다. 만들어진 (成品) 매점은 크고 탱탱하다. 탕색은 금황색이고 맛은 깊고 진하며 여러 번 우릴 수 있고 향은 예리하나 은은하게 오래가지는 않는다.

암차 매점(梅占)

모해(毛蟹)

모해의 원산지는 푸지엔성(福建省) 지아시현(家溪縣) 따핑향(大坪鄉) 푸미촌(福美村)이다. 100여년 정도의 재배역사를 갖고 있으며 푸지엔성 남부지방에 주로 분포한다.

1960년대 이후 푸지엔의 전체 성은 물론 광둥, 쟝시, 후베이, 안후이 등의 성에서도 심기 시작했고 무이산에 들어온 모해는 성장이 양호하고, 무이암차의 우수품종 중 하나로 자리매김 되었다.

무이채차(武夷菜茶)

무이채차(무이산 원시 품종차)는 기종(奇種)이라고도 불리며, 무이산에서 가장 일찍부터 자라온 품종 중의 하나이다. 그 나무의 가지가 가늘고 군락이 적고 종자로 번식한다.

무이산 채차 중에는 대홍포, 철라한, 수금귀, 백계관 같은 우수한 품종이 많다. 채차는 무이암차 특유 품질의 기초가 된다.

근래에 와서 무이산의 채차 군락들 중에서 반복적으로 우수한 개체를 선발하여 좁은 면적에 심어서 그중 품질이 좋은 것을 골라 확대 재배하여 무이채차의 품질 안정을 도모하고 있는데, 많은 사람들의 호응을 받고 있다.

무이채차의 성품은 외형이 탱탱하고 단정하며 푸른 철(鐵)빛에 갈색을 띠고 윤이 난다. 향은 천연 화향이고 강렬하지는 않으나 은은하고 함축적이다.

맛은 깊고 조화로우며 달고 상쾌하다. 마신 후 여운이 오래

무이채차의 성품은 외형이 탱탱하고 단정하며 푸른 철(鐵)빛에 갈색을 띠고 윤이 난다. 향은 천연 화향이고 강렬하지는 않으나 은은하고 함축적이다. 맛은 깊고 조화로우며 달고 상쾌하다.

가고 탕색은 등황색으로 맑고 엽저는 조금 고르지 않다. 다른 차와 섞으면 맛을 훌륭하게 한다.

오룡(烏龍)

오룡은 무이암차의 유명한 품종 중 하나인데 그 이름에 대해서는 여러 가지 설이 있다. 송 대 북원은 공차(貢茶) 중심으로 용단봉병(龍團鳳餅)을 만들었다. 용은 길상의 상징이고 아울러 무이암차의 우수성을 나타내는 것이고 차색이 검은 색(烏)이어서 오룡이라는 이름을 얻었다.

오룡은 대엽과 소엽 구분이 있는데 대엽 오룡은 키가 2미터 정도이고 주간(主幹)이 여러 가지이고 수관(樹冠)이 1.95미터 정도이고 가지는 구부러진 편이다. 엽맥은 가늘고 희미하며 잎 끝은 뭉툭하고 두툼한 편이나 잘 부스러진다.

소엽 오룡은 가장 키가 큰 것이 1.2미터 정도이고 가지가 옆으로 벌어진다. 잎은 진한 녹색이고 매끄러우나 빛나지는 않고 밑으로 굽어있다. 잎 끝은 둥글고 뭉툭하다.

오룡 성품차는 가늘고 탱탱하며 갈색을 띤 흑록색이다. 우려낸 차에서는 수밀도 향이 뚜렷하고 향기가 진하고 강하며 오래간다. 맛은 매우 달고 맑고 개운하며 깊으나 진하지는 않다. 마신 후의 여운이 맑고 시원하다.

탕색이 금황색으로 맑고 깨끗하며, 엽저는 부드럽고 붉은 색이 고루 나타난다.

무이암차 신선한 잎 대비

① ② ③ ④ ⑤ ⑥ ⑦

① **대홍포** : 넓은 타원형이고 끝이 조금 아래쪽으로 향하고 잎 양끝이 약간 안쪽으로 말리며 짙은 녹색에 윤기가 흐른다.
② **백계관** : 길쭉한 타원형이고 진한 녹색으로 광택이 있다. 연한 잎은 얇고 부드러우며 연두색이다.
③ **수금귀** : 잎이 긴 편이고 취록(翠綠)색이다. 광택이 있고 잎이 웨이브가 생겼다.
④ **철라한** : 타원형이고 엽면이 블록하다. 잎이 두껍고 광택이 풍부하고 가장자리는 평평하고 녹색이다.
⑤ **무이채차** : 길쭉한 타원형이고 비교적 크다. 짙은 녹색으로 광택이 있다.
⑥ **무이수선** : 잎이 매우 두껍고 녹색이며 광택이 풍부하다.
⑦ **무이육계** : 타원형이고 두꺼우나 잘 부서진다. 녹색이고 엽면이 매끄럽고, 잎이 안으로 말리며 엽맥이 가늘다.

암차 품차의 요점

난치앙(南强)

무이암차는 반 발효차인 청차 류에 속한다. 공부차의 우리는 법을 사용하여 독특한 "암운(岩韻)"이 충분히 드러나도록 하여야 한다. 시간이 충분하지 않을 때는 간단히 우리는 법도 있지만 암차의 특징을 잘 알아야 한다. 일반 차와 마찬가지로 색, 향, 맛을 감상하지만, 담담한 암차의 암미, 암운을 느끼는 데 중점을 두어야 한다.

【보다(看)】
우선 차의 외형을 관찰한다. 일반적으로 만들어진 찻잎 하나하나가 고르고 단정하며 부서진 가루가 없어야 한다. 흑갈색으로 어떤 것은 개구리 피부 같은 주름이 있기도 한다. 광택이 나면서도 번들거리지 않는 것이 좋다. 두 번째로 탕색을 본다. 좋은 암차의 탕색은 붉은 기가 도는 금황색이고 혹은 갈홍색이다. 아울러 맑고 투명하다. 그리고 잔 바닥에 미세한 침전물이 있다. 마지막으로 엽저를 본다. 전통적인 암차는 "삼홍칠록(三紅七綠)"이다. 단 청향형 암차는 붉은 부분이 그 보다는 적다. 그러나 잎 가장자리가 테를 두른 듯이 붉어야 한다.

【향을 맡다(聞)】
개완배를 이용하여, 처음 잠깐 우린 차를 부어버리고 돌아가며 개완배 뚜껑바닥의 향을 맡거나, 문향배를 이용 문향배

에 첫 번째 우린 차를 문향배에 따른 다음 문향배의 차를 잔에 옮기고 문향배에 남아 있는 향을 맡기도 한다. 암차의 향은 부드럽고 은은한 차향이다. 물론 품종마다 향이 다른데 육계는 계피향이, 수선은 난향이 난다. 암차의 향은 철관음 만큼 강하지 못하고 녹차만큼 퍼지지는 않지만 더욱 깊고 은은하며 오래간다.

【품평하고 마신다(品)】

향을 맡고나서 바로 천천히 마신다. 마신 후 혀끝을 이용하여 입안에서 몇 차례 굴린 후에 천천히 삼킨다. 다음에 두 모금 세 모금 마신다. 좋은 암차는 맑고 입에 거슬리지 않고 달고 매끄러우며 맛이 깊고 조화롭다. 어떤 차는 아주 미세하게 떫은 맛이 나기도 하지만 바로 입안 가득 단침이 고이게 한다. 좋은 암차는 쓴맛이 나지 않는다. 만일 쓴맛이 난다면 이것은 좋은 암차가 아니다.

많은 차벗들이 암차의 암운에 대하여 알려주기를 원한다. 설명하기 어렵지만 암차의 색(色), 향(香), 미(味)의 특징을 이해한 다음 다른 차들과 비교해서 마셔보면 암차의 암운을 스스로 깨닫게 될 것이다.

【마음(心)】

여기서 마음은 암차를 마실 때의 마음 상태를 말한다. 차를 마실 때는 선하고 여유로운 마음 상태가 필요하다. 여기서 여유는 세속적인 명예나 이익 등을 벗어나 구속되지 않는 상태이다. 첫 번째 필요한 마음은 차를 사랑하고 차를 알려고 하고 차를 귀하게 여기는 마음이다. 두 번째는 전심(專心)이다. 생각이 분산되지 않고 집중하는 것이 요구된다. 세 번째는 인내심이다. 천천히 우려내는 차를 조급해하지 말고 천천히 음미해야 한다. 네 번째는 고요한 마음으로 맑고 평화롭고 고요한 마음이다. 마지막으로 천심(天心)이다. 관용을 베풀고 스스로 가장 낮은 곳에 처하며 자연에 순응하여 하늘의 질서와 하나 되어 자유로운 것이다.

　위에서 말한 것은 암차에만 국한 된 것은 아닐 것이다. 많은 차벗들이 암차의 암운에 대하여 알려주기를 원한다. 설명하기 어렵지만 암차의 색(色), 향(香), 미(味)의 특징을 이해한 다음 다른 차들과 비교해서 마셔보면 암차의 암운을 스스로 깨닫게 될 것이다.

무이산 전경

무이암차의 유명한 명총 및 단총

철라한(鐵羅漢)	소심란(素心蘭)	취서시(醉西施)	백월계(白月桂)
정태륜(正太侖)	수호로(水葫蘆)	야래향(夜來香)	금사자(金獅子)
홍월계(紅月桂)	과자홍(瓜子紅)	취귀비(醉貴妃)	새문단(賽文旦)
정설리(正雪梨)	순산후(巡山猴)	녹체매(綠蒂梅)	정벽매(正碧梅)
과산룡(過山龍)	취매당(醉梅棠)	취모후(醉毛猴)	금정향(金丁香)
선인장(仙人掌)	도홍매(桃紅梅)	정벽도(正碧桃)	과자금(瓜子金)
여동빈(呂洞賓)	백설리(白雪梨)	병체란(幷蒂蘭)	정작약(正芍藥)
정서향(正瑞香)	녹부용(綠芙蓉)	백두견(白杜鵑)	부독점(付獨占)
벽도인(碧桃仁)	정옥란(正玉蘭)	백사향(白麝香)	백적란(白吊蘭)
녹앵가(綠鶯歌)	금관음(金觀音)	정장미(正薔薇)	월월계(月月桂)
홍해아(紅孩兒)	백기란(白奇蘭)	분홍매(粉紅梅)	금유조(金柳條)
녹모란(綠牡丹)	정황룡(正黃龍)	녹독점(綠獨占)	나한송(羅漢松)
백서향(白瑞香)	정육계(正肉桂)	석유향(石乳香)	정모후(正毛猴)
정산호(正珊瑚)	수금전(水金錢)	연자심(蓮子心)	고 과(苦 瓜)
석중옥(石中玉)	부지춘(不知春)	만년홍(萬年紅)	정목과(正木瓜)
만년청(萬年青)	석관음(石觀音)	수금귀(水金龜)	정매점(正梅占)
사방죽(四方竹)	만수향(滿樹香)	기란향(奇蘭香)	호이초(虎耳草)
일지향(一枝香)	용수초(龍須草)	금전초(金錢草)	관음죽(觀音竹)
월상향(月上香)	팔보향(八步香)	사계향(四季香)	영웅초(英雄草)
천리향(千里香)	만산향(滿山香)	영지초(靈芝草)	엽하홍(葉下紅)
만지홍(滿地紅)	만홍홍(萬紅紅)	태양국(太陽菊)	연명국(淵明菊)
정신초(精神草)	일일홍(日日紅)	반반약(半畔藥)	노래홍(老來紅)
장원홍(壯元紅)	침향초(沈香草)	동리국(東璃菊)	봉미초(鳳尾草)
해조국(蟹爪菊)	수사련(水沙蓮)	오시련(午時蓮)	불수련(佛手蓮)
천층련(千層蓮)	팔각련(八角蓮)	병중매(瓶中梅)	령상매(嶺上梅)
장 매(墻 梅)	경양란(慶陽蘭)	앵조란(鶯爪蘭)	석적란(石吊蘭)
사계란(四季蘭)	호 접(蝴 蝶)	금옥섬(金玉蟾)	금석곡(金石斛)
금영자(金英子)	금불환(金不換)	옥사자(玉獅子)	기 린(麒 麟)
옥련환(玉蓮環)	홍매상(紅梅棠)	홍계관(紅鷄冠)	홍수구(紅繡球)
계조황(鷄爪黃)	옥해아(玉孩兒)	녹부용(綠芙蓉)	대계림(大桂林)
수중포(水中蒲)	녹창포(綠菖蒲)	수중선(水中仙)	노군미(老君眉)
노래교(老來嬌)	노옹수(老翁鬚)	점점금(点点金)	향일규(向日葵)
전춘라(剪春羅)	국공편(國公鞭)	섬궁계(蟾宮桂)	공작미(孔雀尾)

만년송(萬年松)	관공미(關公眉)	마미소(馬尾素)	칠보탑(七寶塔)
진주구(珍珠球)	엽하청(葉下靑)	인삼과(人蔘果)	석련자(石蓮子)
적금귀(吊金龜)	쌍봉관(雙鳳冠)	위령선(威靈仙)	과강룡(過江龍)
불수감(佛手柑)	쌍여의(雙如意)	제금차(提金釵)	소옥계(小玉桂)
일지향(一枝香)	일엽금(一葉金)	취화교(翠花嬌)	남전옥(藍田玉)
낙양금(洛陽錦)	절절청(節節靑)	왕모도(王母桃)	화조석(花藻石)
자금관(紫金冠)	석종유(石鐘乳)	은사필(隱士筆)	동심결(同心結)
죽엽청(竹葉靑)	동빈검(洞賓劍)	천명동(天明冬)	불로단(不老丹)
마제금(馬蹄金)	오경괴(五經魁)	파초록(芭蕉綠)	서원류(西園柳)
우미인(虞美人)	협죽도(夾竹桃)	운남벽(云南碧)	서류조(絮柳條)
오동자(梧桐子)	송옥수(宋玉樹)	향명삼(香茗溼)	천남성(天南星)
소도인(小桃仁)	보보교(步步嬌)	소모란(笑牡丹)	연화전(蓮花箋)
야명주(夜明珠)	수화침(繡花針)	관음장(觀音掌)	자금정(紫金錠)
명감람(名橄欖)	자목필(紫木筆)	영춘류(迎春柳)	야장미(野薔薇)
산상진(山上臻)	취화합(醉和合)	환혼초(還魂草)	연지미(臙脂米)
취소선(醉小仙)	백창란(白蒼蘭)	백두구(白荳蔲)	십팔초(十八草)
묵두필(墨斗筆)	백두견(白杜鵑)	백옥매(白玉梅)	금자연(金紫燕)
새화치(賽花齒)	새령양(賽羚羊)	새주기(賽珠琪)	새옥침(賽玉枕)
새낙양(賽洛陽)	출림소(出林素)	옥여의(玉如意)	옥미인(玉美人)
정수지(正水枝)	정옥잔(正玉盞)	정반죽(正斑竹)	정마노(正瑪瑙)
정참수(正參須)	정여지(正荔枝)	정송라(正松羅)	정백호(正白毫)
정자금(正紫錦)	정장춘(正長春)	정속향(正束香)	정유리(正琉璃)
추유조(墜柳條)	정부평(正浮萍)	정은광(正銀光)	정당수(正唐樹)
정형극(正荊棘)	정라의(正羅衣)	정기남(正棋楠)	홍두구(紅頭蔻)
옥토이(玉兎耳)	암중란(岩中蘭)	칠보단(七寶丹)	오채관(五彩冠)
백옥상(白玉霜)	향동규(向東葵)	해룡각(海龍角)	도엽류(倒葉柳)
번부용(蕃芙蓉)	초복란(初伏蘭)	향천매(向天梅)	옥당춘(玉堂春)
호조홍(虎爪紅)	월월홍(月月紅)	정청태(正靑苔)	정백과(正白果)
정봉미(正鳳尾)	정훤초(正萱草)	정죽란(正竹蘭)	정옥국(正玉菊)
대부판(大夫板)	만년목(萬年木)	군자죽(君子竹)	자형수(紫荊樹)
천년왜(千年矮)	구품련(九品蓮)	금쇄시(金鎖匙)	수양매(水楊梅)
수저월(水底月)	월중선(月中仙)	사계죽(四季竹)	망우초(忘憂草)
정당매(正唐梅)	옥녀장(玉女掌)		

2. 안계차

공부차를 즐기는 사람들의 사랑을 받는 또 한 종류의 오룡차는 계차(溪茶)이다. 푸지엔(福建省)성 안시(安溪縣)현에서 생산된다.

안시(安溪)는 푸지엔성 동남부에 위치하는데 산과 바다 그리고, 샤먼(廈門), 장조우(漳州), 췐조우(泉州)가 가까이 있다. 민남과 민중의 교통 중심이고 민남의 황금 삼각지 근처이다. 안시는 아열대 기후에 속한다. 푸른 산이 연이어 솟아 있고 맑은 샘물이 솟아나고 구름과 안개가 늘 자욱하고 토양은 비옥하며 강우량도 충분하다. 차나무 성장에 적합하여 예로부터 "용봉지구(龍鳳之區)", "민남차도(閩南茶都)"로 불린다.

안시(安溪)는 푸지엔성 동남부에 위치하는데 산과 바다 그리고, 샤먼(廈門), 장조우(漳州), 췐조우(泉州)가 가까이 있다. 민남과 민중의 교통 중심이고 민남의 황금 삼각지 근처이다.

안시는 수백년 동안 계속 흥성한 중국 최대 오룡차 생산지역으로 "중국 오룡차의 고향"으로 불린다. 안시 오룡차는 품질이 독특하고 우수한데, 그 자연스런 화향은 다른 차들과 비교할 수 없다. 맛이 깊고 조화로우며 달고 신선하며 마시고 난 뒤 입안에 남는 향과 뒷맛이 오래 남는다.

푸지엔성(福建省) 지도

안시의 가장 유명한 4대 차는 철관음(鐵觀音), 황금계(黃金桂), 본산(本山), 모해(毛蟹)이다. 그 중에서도 철관음은 명차로 국내외에서 유명하다. 그 외에 대오룡, 매점, 기란, 백목단 등도 알아주는 명차로 소비자의 사랑을 받는다. 안시 오룡차와 무이암차는 푸지엔 오룡차 중에서 가장 유명하여 "두 개의 진주"로 불린다.

(1) 안계차의 특징

안계차(安溪茶)는 제다기술이 정교하고 심오해서 다른 차와 구별되는 독특한 품격을 갖는다. "홍차의 달콤한 향기, 녹차의 청향, 쟈스민 차의 자연 향"을 다 갖추고 있으면서 또한 일곱 번 우려도 그 향이 남아있어 안계차를 칭송한다.

안시(安溪) 지역은 차나무가 자라기에 자연환경이 적합하여 차나무 자원이 풍부하다. 그 자원 중에서 차농들은 우량품종을 선별하여 번식시켰는데, 시핑(西坪)의 철관음(鐵觀音), 루오앤(羅岩)의 황금계, 핑조우(萍洲)의 모해(毛蟹), 창컹(長坑)의 대엽 오룡 등이 유명하다. 그리고 최근에 선발된 칭수이앤(淸水岩)의 행인(杏仁), 차 연구소의 봉원춘 등도 있다. 차수 품종이 매우 많지만 그 품종마다 각각 개성이 분명하다. 농민들은 대를 이어오며 품종의 특성에 맞는 가공방법을 개발하여 각각 특징 있는 차로 발전시켰다.

오룡차와 다른 차를 비교하면 그 향이 독특하다. 예를 들면 난화, 계화(桂花), 수밀도, 계피, 치자꽃 등 천연 꽃 향과 과향이 진하게 또는 은은하게 파고든다. 철관음의 맑고 진한 향은

정말 특수하여 "관음운(觀音韻)"이라 불리는데 7번을 우려도 그 향이 여전하다. 그 상등품을 우리면 "향이 사방을 놀라게 한다"고까지 한다. 황금계도 독특한 천연향이 있는데 "하늘을 찌르는 향", "방안을 가득 채우는 향", " 방은 우아하면 족하지 구태여 클 필요가 없고, 차향은 황금계 하나면 충분하고 구태여 많을 필요가 없다"라는 등의 극찬을 받고 있다. 모해(毛蟹)의 찌르는 듯한 청화향(淸花香), 대엽 오룡의 청순하고 달콤한 향도 빼놓을 수 없다.

안계차의 외형 또한 상당히 독특하다. 무이차의 길게 말린 차 모양과는 다른 과립형이다. 무겁고 탱탱하게 말아져 있고 표면이 까끌하면서 윤이 난다. 독특한 포유(包揉) 공정이 적당한 정도로 둥글게 말아 높은 향을 오래가게 한다.

안계차의 외형 또한 상당히 독특하다. 무이차의 길게 말린 차 모양과는 다른 과립형이다. 무겁고 탱탱하게 말아져 있고 표면이 까끌하면서 윤이 난다. 독특한 포유(包揉) 공정이 적당한 정도로 둥글게 말아 높은 향을 오래가게 한다.

공부차 · Gong Fu Cha

(2) 안계차의 역사

안시(安溪)는 옛날부터 차를 생산해 온 지역이다. 경내에 여러 그루의 야생 키 큰 차나무가 있는데, 란티엔(藍田), 지엔토우(劍頭)등에서 발견된 야생 차나무는 높이가 7미터, 수관이 3.2미터로 전문가들의 의견은 1,000년이 넘는다 한다. 현재도 시핑, 푸치엔 등에서 야생 차수들이 발견되고 있는데 이는 안시 차 역사의 오래됨을 대변한다.

전문가들의 연구에 의하면 안시 차의 역사는 당 대까지 거슬러 올라간다. 송 원 대에 오면 나침반의 발명 등 중국의 조

안시(安溪) 시골 길가의 차밭.

工夫茶

선 기술이 고도로 발전되고 인도, 페르시아, 아랍 등의 국가와 교역이 빈번해지고 안시 철관음도 해상 실크로드를 통해서 세계로 팔려나갔다. 명대에 이르면 안시의 차 관련 업종은 왕성하게 발전하여 차를 심고 만들고 마시는 것이 전 현으로 전파되어 이 지역의 중요한 산업이 되었다.

명대에 이미 차수의 무성생식 번식법이 발명되었다. 명대 이전에는 종자로 번식하여 변종이 생기기 쉬웠다. 명 숭정 13년(1640년) 전후로 휘문이 방법으로 번식하는 방법이 개발되었는데 안시가 중국 차수 무성생식 번식법의 시원지가 된다.

명말에 공차가 중지된 이후에 푸지엔성 차농들은 누대에 걸쳐 집적된 제다기술을 이용 무이암차를 만들기 시작했다. 청대 유명한 승려 석초전(釋超全)이 쓴 글에 의하면 "안시차는 암차를 모방하네"라는 구절이 있는데 이는 명 청대에 이미 안시차가 만들어졌음을 증명한다.

청 옹정 3년(1728년) 안시의 차농은 철관음을 발견하였고 이는 안시의 차업을 한층 더 발전시켰다. 당시에 안계차는 이미 오룡차의 대표적인 차가 되어 있었고 둘도 없는 철관음의 제다기술은 안시가 중국 명차의 고향이 되는 기초가 되었다.

청초에 오면 안시의 차 산업은 빠르게 발전하여 황금계, 본산, 불수, 모해, 매점, 대엽오룡 등 한꺼번에 여러 종의 우수한 차 품종들이 발견되어 안시 차 산업의 왕성한 발전 단계를 가져왔다.

안시차는 스스로 발전하였을 뿐만 아니라 오룡차의 생산기

청 옹정 3년(1728년) 안시의 차농은 철관음을 발견하였고 이는 안시의 차업을 한층 더 발전 시켰다. 당시에 안계차는 이미 오룡차의 대표적인 차가 되어 있었고 둘도 없는 철관음의 제다기술은 안시가 중국 명차의 고향이 되는 기초가 되었다.

술과 철관음 등 우수한 품질의 차를 세계적으로 널리 보급했다. 차는 안시의 최대 산업으로 주민들은 거기에 의지하여 생활을 꾸렸다. "동네마다 차 심기를 배우고, 집집마다 차를 재배하네, 차는 늙는 것을 막고, 집집이 돈을 가져다 주네"라는 당시의 민요는 그 곳 사정을 잘 설명해 주고 있다.

민국 시기는 차 산업의 정체기이다. 더욱이 중일전쟁 발발 후에는 차의 수출이 감소하여 차 공장들이 줄을 이어 문을 닫았고 차밭은 황폐해 졌다. 중화인민 공화국 성립 후 차 산업은 회복되기 시작했고 개혁 개방 이후에 안시 사람들의 부단한 노력으로 차 산업은 새로운 전성기를 누리고 있다.

안시(安溪) 지엔토우(劍斗) 철관음(鐵觀音) 산지 전경

(3) 안계차의 제다

안시 오룡차의 제다는 일반 오룡차의 제법와 기본적으로 같다. 무이암차의 제다방법과 차이점은 더 깊은 화향을 추구하는 발효를 하며 저배화(低焙火)한다. 철관음을 기준으로 한 안계차의 제다과정은 다음과 같다.

안시 철관음은 일년 사계절 만드는데, 곡우에서 입하(4월 중순에서 5월 상순)는 춘차로 전체 생산량의 45~50%가 춘차이다. 하지에서 소서(6월 중하순에서 7월 상순) 하차 생산량의 25~30%. 입추에서 처서(8월 상순에서 8월 하순) 서차(暑茶 : 여름차), 생산량의 15~20%. 추분에서 한로(9월 하순에서 10월 상순) 추차로 생산량의 10~15%. 철관음 제품 중에서는 춘차가 제일 좋은데 향이 높고 맛이 깊고 여러 번 우릴 수 있다. 추차는 향기가 특히 높은데 그 향을 속칭 추향(秋香)이라하나 맛은 비교적 깊지 않다. 하차는 잎이 얇고 쓴맛이 있고 향도 떨어진다. 서차는 하차에 비해 조금 낫다.

민남은 위도가 낮기 때문에 안시차의 채취 시기는 민북 지역에 비해 반 달 정도 빠르다. 차를 따는 날의 일기는 맑고 북풍이 부는 날이 좋고, 오전 10시에서 오후 3시까지 딴다. 맑은 날 오후에 따는 것이 가장 좋다.

신선한 잎을 따는 표준은 새로 생긴 가지에서 싹이 난 후, 맨 위 잎이 소개면이나 중개면 정도일 때 두 번째 세 번째 잎을 딴다. 차를 채취할 때는 아래의 다섯 가지를 주의해야 한다. 잎을 꺾거나 잘라서는 안 되고, 잎을 포개 따서는 안 되며, 잎 끝이 부서지게 해서는 안 되고, 한 잎만 따서는 안 되

공부차 · Gong Fu Cha

며, 얼룩이진 잎이나 묵은 가지가 섞여서는 안 된다. 특별히 오전에 딴 차, 정오에 딴 차, 오후에 딴 차를 구분해서 만들어야 한다.

철관음의 제다공정

위조(萎凋 : 曬靑. 凉靑) → 주청(做靑 : 搖靑. 펼쳐 널기) → 초청(炒靑 : 덖기) → 유념(揉捻) → 홍배(烘焙 : 열에 건조) 등의 공정을 거쳐 모차(毛茶 : 포장하기 전의 완성된 차)를 만든다.

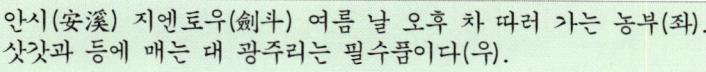
안시(安溪) 지엔토우(劍斗) 여름 날 오후 차 따러 가는 농부(좌). 삿갓과 등에 매는 대 광주리는 필수품이다(우).

工夫茶

工夫茶

위조(萎凋)

채취 기준에 맞춰 딴 신선한 잎이 공장에 도착하면, 실내의 시원한 그늘에 20분 정도, 대나무 광주리에 얇게 펴서 넌다. 이어 햇볕에 말리는데 오후 4시 정도 너무 강하지 않은 햇볕이 좋고, 잎은 얇게 펴서 널어야 좋다.

철관음 두꺼운 신선한 잎의 경우는 요청 시 더 세게 흔들어 주고 주청 시간도 연장한다. 요청은 5~6회에 달하도록하고 요청 횟수는 처음에는 적게 점점 횟수를 늘린다.

갓 따온 신선한 찻잎을 대광주리에 펼쳐 너는 양청(凉靑).

공부차·Gong Fu Cha

서차의 에어콘 시설이된 실내 위조.

잎의 원래 광택이 사라지고 색이 어두워지고, 손으로 만져 부드러워지고 잎 끝이 수그러질 때, 즉 무게가 6~9% 정도 줄었을 때 다시 실내로 옮겨 그늘에 넌다. 이것은 온도를 낮춰서 찻잎의 활력을 회복시켜 주청을 진행시키기 위함이다.

주청(做靑)

높은 기술과 융통성이 요구되는 오룡차 품질 형성의 관건이 되는 공정이다. 요청(搖靑 : 흔들고 뒤집기)과 펼쳐

위조 후 요청기에 차를 넣는 광경.

주청이 적당히 된 찻잎은 잎가장자리가 까실한 느낌으로 붉은색이고 중앙은 황록색을 띤다.

몇 차례 요청 사이의 펼쳐 널기.

널기를 여러 번 반복한다. 간헐적으로 진행한다. 요청은 차엽 내부의 조직, 세포에 일정한 정도의 손상을 주기 위해서이다. 요청 후에는 펼쳐 널어 그대로 둔다. 이것은 몇 차례의 요청시간 사이의 완충작용을 한다.

주청은 일정한 온도 습도 아래서 수분이 줄어들고 또한 페놀 효소의 작용으로 천천히 산화 발효되는 화학적인 변화를 가져와 오룡차 특유의 품질을 형성한다.

공부차·Gong Fu Cha

철관음 두꺼운 신선한 잎의 경우는 요청 시 더 세게 흔들어 주고 주청 시간도 연장한다. 요청은 5~6회에 달하도록하고 요청 횟수는 처음에는 적게 점점 횟수를 늘린다. 요청 후 펼쳐 너는 시간도 처음에는 짧게 점차 길게 한다. 펼쳐 널 때의 두께도 처음에는 얇게 점차 두껍게 펼쳐 넌다. 제3~4차 요청은 잎에서 풀냄새가 진하고 강하게 나고 잎에 붙은 가지와 잎의 수분 함량이 평형을 이룰 때까지 해야 한다. 제5~6회 요청은 잎의 색과 향의 변화를 세심히 관찰하여 신축적으로 대처해야 한다.

주청 공정을 거친 완성된 찻잎.

주청이 적당히 된 찻잎은 잎가장자리가 까실한 느낌으로 붉은색이고 중앙은 황록색을 띤다. 그리고 엽 면이 볼록하고 잎이 뒤로말려 뒤에서 보면 약숟가락 같이 보인다. 난향이 나고 잎 꼭지는 푸르고 잎 가운데는 녹색이고 가장자리는 붉은 테를 두르고 광택이 사그라진다. 줄기에 주름이 생긴다.

초청(炒靑 : 덖기)

초청은 주청의 풀냄새가 가시고 향이 나기 시작할 때 바로 진행해야 한다.

유념(揉捻 : 비비기)

적당히 초청된 찻잎을 식기 전에 바로 유념기에 넣어 5~10분 유념한다.

工夫茶

홍배(烘焙 : 열을 가해 건조와 숙성)

홍배는 오룡차 제다의 최후 공정이다. 민남 오룡차 홍배 공정의 일반적인 순서는,

초배(初焙) → 포유(包揉 : 차를 보자기로 싼 다음 굴리고 눌러 철관음 특유의 둥글게 말아진 차를 만드는 공정이다) → 복배(復焙) → 복포유(復包揉 : 다시 포유한다) → 족건(足乾 : 약한 불에 천천히 건조).

초기 제조공정이 끝난 차를 모차(毛茶)라고 부르는데 아직은 투박하고 거칠다 다시 일련의 정밀한 공정을 거쳐야 완성품의 차가 된다

주청 후의 차를 초청기에 넣어 초청.

공부차 · Gong Fu Cha

초배는 4~6분 정도 진행하는데 포유(包揉)와 두 번 홍배를 결합하여 진행한다. 차의 모양이 만들어지는 것을 봐가며 3~4번 반복 진행할 수도 있다.

복배 중 수분이 계속 증발하고 찻잎은 뜨거워져 연하고 부드럽게 된다.

안시 지엔토우에서는 기계를 사용하지 않고 찻잎을 주머니에 넣고 힘껏 내려친다.

초청 후의 포유(包揉)공정. 초배(初焙). 포유 후 찻잎을 대나무 광주리에 펼쳐 널어 홍건기(烘乾機)에 넣는다.

복유는 찻잎이 더 단단히 말아져 완성된 외형을 만드는 과정이다.

초유는 약 5~10분 정도 한다. 뭉쳐진 차 덩이를 풀고 바로 복배에 들어간다.

마지막으로 50~60°C의 약한 불로 천천히 말리면 향이 차 안에 저장되고 맛도 조화롭고 깊어지며 표면색이 맑고 윤이 나고 차 표면에 흰서리 같은 것이 한 층을 이루면 철관음의 초기 제조공정이 끝난다.

초기 제조공정이 끝난 차를 모차(毛茶)라고 부르는데, 아직은 투박하고 거칠다. 다시 일련의 정밀한 공정을 거쳐야 완성품의 차가 된다. 이 공정은 체로 치고, 풍구바람으로 선별하고, 손으로 골라내는 공정과 합리적인 배합과정을 진행한다. 건조과정도 추가된다.

체로 치는 것은 외형의 규격(크기)과 등급에 맞게 분류하는 것이고, 손으로 고르는 것은 모차 중의 잡물이나 줄기 잘 못 만들어진 차 등을 골라내어 버리고 외형도 정리한다. 합리적인 배합은 품종이 다르고 품격이 다른 차를 장점은 취하고 단점은 보완하여 통일된 규격의 차를 만드는 것을 말한다.

기타 다른 품종의 안계차의 제다기술은 철관음과 기본적으로 같다. 다만 신선한 잎의 수분 함량 차이 등으로 쇄청시 수분의 증발 정도, 주청 정도, 차를 둥글게 마는 정도 등의 차이는 있다.

손으로 차를 고르는 것은 모차 중의 잡물이나 줄기 잘 못 만들어진 차 등을 골라내어 버리고 외형도 정리한다.

공부차·Gong Fu Cha

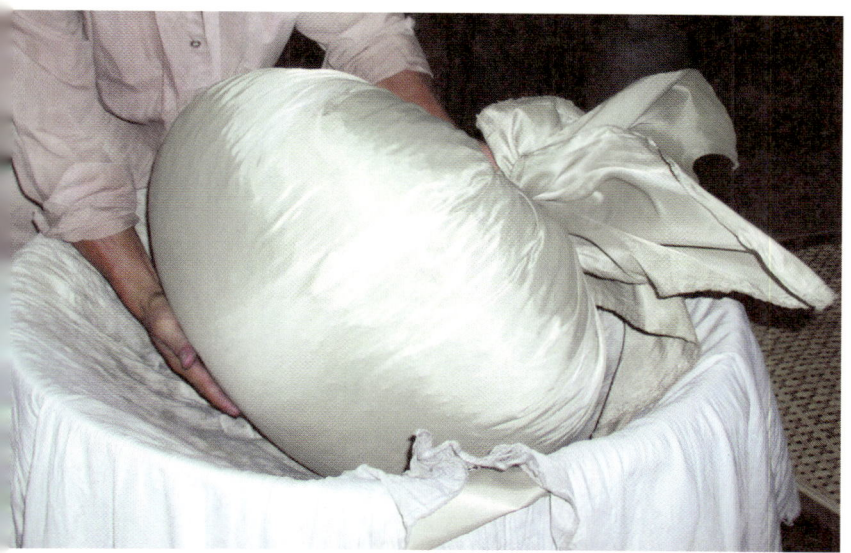

초배가 끝난 찻잎을 잘 싸서 포유공정 준비.

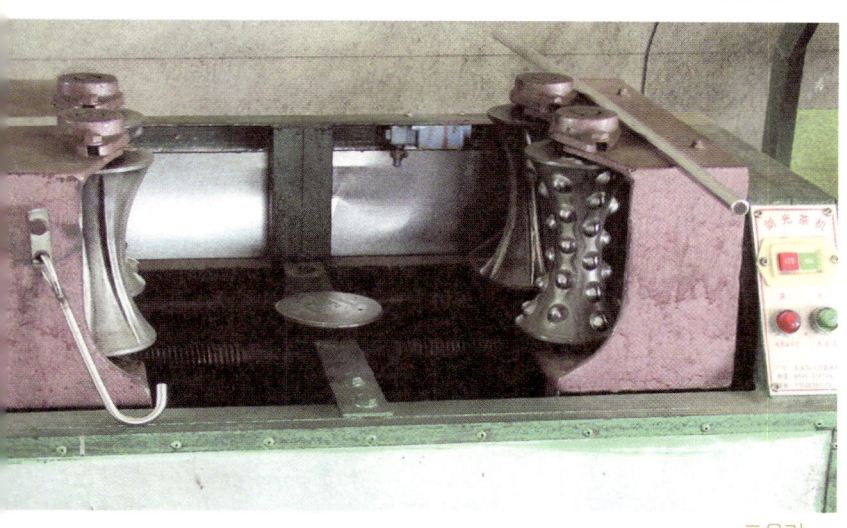

포유기.

포유 시 힘을 점점 강하게 하여 시간이 갈수록 더 단단히 뭉쳐지게 한다.

완전히 뭉쳐진 차 덩이.

공부차 · Gong Fu Cha

포유 공정 후 자루 속에서 만들어진 차 덩이. 복배를 위해 다시 풀어 헤친다.

복배 공정 진행.

工夫茶

복유 시 사용하는 기계.

복배 후의 복포유 공정.

공부차 · Gong Fu Cha

복유가 끝나 쌓던 자루를 푼 모양.

약한 불로 말려 완성된 모차.

(4) 안계차(安溪茶)의 명품

안시차(安溪茶) 생산지역는 우수한 품종을 선발 육성하는 것을 중시하여 무성생식으로 번식한 차수가 중국 전역에서 제일 많다. 그중 보편적인 것이,

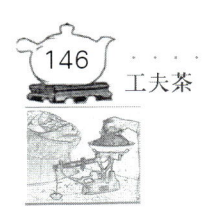

철관음(鐵觀音), 황금계(黃棪 : 黃旦), 본산(本山), 모해(毛蟹), 오룡(烏龍), 매점(梅占), 기란(奇蘭) 등이다.

1950년대부터 안시의 오룡차를 철관음, 색종(色種), 오룡의 3가지로 간단하게 분류하기 시작했다.

철관음과 오룡 이외의 기타 품종은 색종으로 분류한다. 그러나 근년에 들어서 안시 현지의 오룡차 생산량의 변화로 황금계가 철관음의 생산량과 비슷하고, 오룡 품종도 전체 생산량의 38%를 차지한다. 색종 중에서는 본산, 모해, 기란, 매점 등의 생산량이 비교적 많다.

철관음(鐵觀音)

철관음은 청차(靑茶)에 속하고, 오룡차의 대표적인 품종 중 하나이다. 원산지는 안시 시평진이고 현재 주산지는 서부의 "내이안시(內安溪)이다.

이곳은 구름과 안개가 자욱한 봉우리 들이 둥글게 둘러싸고 있으며, 토질은 대부분 산성의 홍토로 토층이 깊어 차수(茶樹) 생장에 적합한 환경이다. 철관음은 "차왕(茶王)"이라는 칭송을 받고 있다. 철관음의 기원은 청 옹정 년간(1725~1735년)에 당시 안시의 농민들이 여러 우수 차 품종을 선발 육성하였는데 그 중에서 철관음으로 만든 차가 가장 우수했다.

철관음의 기원은 청 옹정 년간(1725~1735년)에 당시 안시의 농민들이 여러 우수 차 품종을 선발 육성하였는데 그 중에서 철관음으로 만든 차가 가장 우수했다.

안시(安溪) 철관음(鐵觀音)

공부차·Gong Fu Cha

철관음 우량종 차수는 수세(樹勢)가 크지 않고 가지가 벌어져 있으며 잎은 짙은 녹색이고 두껍고 부드럽다. 싹도 굵고 크다.

철관음 우량종 차나무의 잎으로 만든 차를 "철관음"이라 한다. 차나무 품종과 차의 품명이 같은 경우이다. 철관음 품종의 유래에 관해서는 안시 현지에서 두 가지 이야기가 전해 내려온다.

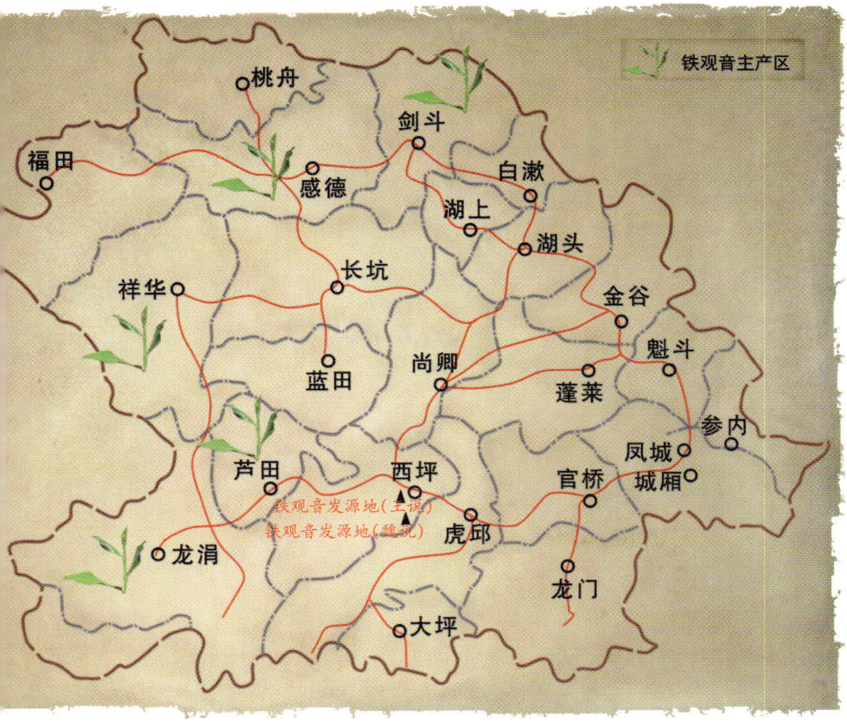

안시(安溪) 철관음(鐵觀音) 산지 분포도.

工夫茶

철관음 우량종 차수는 수세(樹勢)가 크지 않고 가지가 벌어져 있으며 잎은 짙은 녹색이고 두껍고 부드럽다. 싹도 굵고 크다. 철관음 우량종 차나무의 잎으로 만든 차를 "철관음"이라 한다.

첫째는 위씨 설이다. 청 옹정 3년 전후로 시핑 야오양 소나무 숲 어귀에 사는 위음(魏蔭)이라는 부지런한 차농이 있었는데 그는 관음보살을 믿었다. 수십 년 동안 하루도 쉬지 않고 매일 새벽에 관음상 앞에 정성스럽게 차를 올렸다.

어느 날 밤에 위음이 꿈을 꾸는데, 자기가 호미를 들고 집을 나가 개울가에 이르렀을 절벽 밑에 바위 사이에서 무성한 차나무 한 그루를 발견하였는데 향기가 매혹적이었다. 위음이 호기심에 몸을 숙여 가지를 꺾는데 갑자기 개 짖는 소리에 꿈을 깨게 되었다.

다음 날 새벽 위음이 꿈속에서 보았던 길을 찾아가 보니 과연 꿈에 보았던 것과 같은 차나무가 있었다. 그는 정말 기뻐하며 그 차나무를 자기 집으로 옮겨와 깨진 솥에 심었다. 전심으로 키우고 휘문이하여 번식시키니 나무마다 잘 자랐다.

간단히 잎을 따서 차를 만들어 마셔보니 과연 맛이 기막히게 좋았다. 그는 그 차를 보물처럼 여기고 차 통에 넣고 귀한 손님이 오면 끓여내어 품평을 청했다. 보통 차만 마셔봤던 사람들은 칭찬에 입을 다물지 못했다.

어느 훈장님이 이 차를 맛보고 놀라서 무슨 차인지 물었다. 위음이 경과를 소상히 설명하자 그 훈장은 이야기를 듣고 나서 이 차가 절벽 밑에서 처음 발견되었고 절벽의 위세가 나한(羅漢) 같고 또 쇠솥에 심었으니 "철라한(鐵羅漢)"이라고 하자 했다.

훈장은 다시 생각하더니 나한은 모양이 흉하고 무서우니 철라한은 이름이 적합하지 않고, 네가 관음보살에 기도하여 얻었으니 "철관음(鐵觀音)"이라 하자 했다. 철관음이 정말 아름답고 좋은 이름이라고 모두 찬성하였다.

　두 번째 설은 왕씨 설이다. 안시 시핑 야오양 난암에 왕사랑(王士讓)이 살고 있었다. 청 옹정 10년에 향시에 합격하고 건륭 10년에 벼슬길에 나아가 후베이(湖北) 황조우부(黃州府) 치조우(蘄州) 통판을 지냈다. 그는 남산 기슭에 서실을 짓고 "남헌(南軒)"이라 불렀다. 왕사랑과 그 친구들은 늘 여기에 모여 글을 짓고 석양이면 산책하곤 했다.

　하루는 황폐화된 돌밭에서 색다르게 보이는 차나무가 있어 남헌의 텃밭에 옮겨 심고 정성스럽게 키우고 매년 번식시켰다. 차를 만들어 마셔보니 맛이 뛰어나고 마신 후의 향이 온 몸에 스며들었다. 건륭 6년에 왕사랑이 예부시랑 방망계(方望溪)에게 이 차를 바쳤다. 방시랑이 이를 다시 황제에게 바치니 건륭황제가 이를 맛보고 대단히 기뻐하며 왕사랑을 불러 이 차에 얽힌 이야기를 듣고, 외형이 철같이 무겁게 보이고 맛과 향이 관음처럼 아름답다하여 "철관음"이라는 이름을 내렸다.

　철관음의 차를 따고 만드는 기술은 비교적 특별하다. 만들어진 차는 둥글게 말린 모양이고 두껍고 크며 무겁고 단정하며 까실한 녹색이다. 만들어진 모양이 잠자리 눈 같기도 하고 나선형이기도 하고 청개구리 허벅지 같기도 한다. 차를 우리면 금황색으로 짙고 아름다운 것이 호박(琥珀)같다. 천연 난향이 짙고, 맛은 깊고 조화롭고 달고 신선하다. 뒷맛도 달고 차향은 높고 오래가서 일곱 번을 우려도 아직 향이 남아있다. 엽저는 도톰하고 부드러우며 고르고, 가운데는 푸르고 붉은 테를 둘러 아름답다. 청 광서 22년(1896) 안시의 쟝나이먀오(張乃妙), 쟝나이첸(張乃乾) 형제가 철관음 품종을 대만의 무자(木柵)에 전했으며, 비슷한 시기에 푸지엔성의 잉춘(永春), 난안(南安), 화안(華安), 핑허(平和), 푸안(福安) 등의 현 및 광둥성으로 전파되었다.

철관음의 차를 따고 만드는 기술은 비교적 특별하다. 만들어진 차는 둥글게 말린 모양이고 두텁고 크며 무겁고 단전하며 까실한 녹색이다. 만들어진 모양이 잠자리 눈 같기도 하고 나선형이기도 하고 청개구리 허벅지 같기도 한다.

철관음(춘차 : 春茶)

첫 번째 우린 차 탕색

철관음 엽저

황금계(黃金桂)

황금계는 황염(黃棪) 혹은 황단(黃旦)으로 불리는 품종의 차수에서 딴 찻잎으로 만든 오룡차이다. 그 탕색이 황금색이고 계화향이 난다하여 황금계라는 이름을 얻었다. 산지에서 모차는 황염 또는 황단으로 불리우고 황금계는 상품명이다.

황염은 청 함풍(咸豊)년간 안시 루오앤(羅岩)이 원산지이고 오룡차 중에서 철관음과는 분위기가 또 다른 뛰어난 차이다. 특히 "일조이향(一枣二香)"으로 불리는 특징이 있는 독특한 차이며 1985년 중국명차로 선정되었다.

자연 상태에서 자라고 있는 황금계.

전해 오는 이야기에 의하면 청 함풍 년간에 루오엔(羅岩) 자오컹촌(灶坑村)의 린즈친(林梓琴)이라는 남자가 시핑(西坪) 주양촌(珠洋村)의 왕단(王淡)에게 장가갔다. 그곳 풍습이 신부가 결혼 후 한 달이 되면 친정에 다녀오는데 돌아올 때, 대를 잘 이어가고 자손들의 번성을 상징하는 의미로 식물 묘목을 가져온다.

왕 여인은 두 그루의 차 묘목을 가져와 그것을 사당 옆에 심고, 부부가 정성을 다해 키웠더니 무성하게 잘 컸다. 그것을 따서 차를 만드니 탕색이 황금빛이고 향이 계수나무 꽃과 비슷했다. 그래서 이웃들을 불러 맛보기를 청하니 칭찬이 자자했다. 특별히 왕 여인의 이름을 따서 발음이 비슷한 황염으로 정했다. 후에 동남아 등지로 수출하여 인기가 높아지자 황염의 특징을 살리면서 품격 있는 황금계로 그 이름을 바꾸었다.

황금계는 차를 따고 만드는 과정에 세심하게 주의하여야 그 품종의 특징을 잘 살려낼 수 있다. 차를 따는 기준은 철관음과 기본적으로 같고, 차를 만드는 과정에서 쇄청과 요청은 비교적 약하게 살청 시간은 약간 짧게 한다. 청순한 향이 차에 잘 배이게 하기 위해서 홍배 온도도 조금 낮게 불도 약하게 한다.

차나무의 특성과 아울러 제다기술의 차이로 황금계의 독특한 품질은 형성된다. 앞에서 말한 "일조이향(一早二香), 일조이기(一早二奇)"에서 일조(一早)는 황금계의 싹이 나고 차를 만들고 시장에 내는 시기가 빠른 것을 말한다.

일반적으로 황금계는 4월 중순에 채취하는데 이는 일반 품종에 비하여 10일 정도 빠르고 철관음에 비하여서는 20일 정

일반적으로 황금계는 4월 중순에 채취하는데 이는 일반 품종에 비하여 10일 정도 빠르고 철관음에 비하여서는 20일 정도 빠르다. 이기(二奇)는 외형이 황금색으로 균일하고 품질이 향기롭고 독특하며 신선한 것을 나타낸다.

도 빠르다. 이기(二奇)는 외형이 황금색으로 균일하고 품질이 향기롭고 독특하며 신선한 것을 나타낸다.

만들어진 차는 잎 가닥이 가늘고 맑은 황금색이다. 맑고 높은 향이 강하며 오래간다. 향은 우아하고 독특한데 계수나무 꽃과 배꽃 향이 섞인 것 같은 향이다.

황금계(黃金桂)

| 첫 번째 우린 차 탕색 | 황금계 엽저 |

맛은 조화롭고 맑고 신선하며 개운하다. 엽저는 가운데가 황록색으로 부드럽고 맑다.

향을 맡으면 바로 황금계인 줄 알 수 있네
순수한 그 맛은 아직 맛보지 못했어도
하늘까지 퍼진 향 먼저 코에 스미네.

이런 칭찬을 예로부터 받았다. 좋은 황금계는 탕색은 금황색으로 맑으며 천천히 마시면 입안 가득히 단침이 고이고 맛은 조화롭고 달콤하고 신선하여 마음이 트이고 기분이 상쾌하다.

본산(本山)

본산은 안시(安溪) 시핑(西坪)이 원산지이고 품종적으로 철관음과 가까우나, 적응 능력이 철관음 보다 강하다. 완성된 차의 품질은 철관음과 가깝다. 1937년 좡찬장(庄燦彰)이 쓴 《안계차엽조사》를 보면 "본산은 1870년 위엔싱진(圓醒今)이라는 사람에 의해 발견되어 원성종으로 불렸는데 본산종으로도 불렸다"라고 소개하고 있다.

본산은 관목형이고 중엽종이다. 제다방법은 철관음과 비슷하나 철관음 특유의 운미(韻味)는 모자란다. 본산은 오룡차를 만들기에도 적합하고 홍차나 녹차를 만들어도 품질이 중등정도는 된다.

만들어진 본산 오룡차는 크고 무거우며 줄기 끝이 약간 뭉툭하고 줄기가 붉은 빛이 돈다. 색은 갈황록색이고 신선함이

본산은 관목형이고 중엽종이다. 제다방법은 철관음과 비슷하나 철관음 특유의 운미(韻味)는 모자란다. 본산은 오룡차를 만들기에도 적합하고 홍차나 녹차를 만들어도 품질이 중등정도는 된다.

공부차 · Gong Fu Cha

남아 있으면서 윤이 나고 잎 꼭지는 청색, 잎 가운데는 녹색 가장자리는 붉은색으로 세 가지 색을 띤다.

　우린 차는 난화 계수나무 꽃 향이 나고 맛은 조화롭고 신선하고 상쾌하며 뒷맛도 달지만 약간 신맛이 있다. 탕색은 등황색이고 엽저는 황록색이다. 전체적으로 신선하나 깊은 맛은 부족하고 향도 철관음과 비슷하나 약하다.

본산(本山)

첫 번째 우린 차 탕색 | 본산 엽저

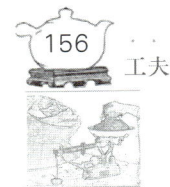
工夫茶

모해(毛蟹)

모해의 원산지는 안시 따핑향(大坪鄉)이다. 1979년 푸지엔성 차과학연구소에서 펴낸 《차수품종지》를 보면 "핑조우촌(萍州村) 쟝지아시에(張加協 : 1957년 71세)의 말에 의하

모해는 관목형이고 재배하기 쉽고 생산량도 비교적 많으며 오룡차 만들기에 적합하다. 제다는 철관음과 비슷하고 특급, 1급, 2급, 3급, 4급으로 구분한다.

모해(毛蟹)
첫 번째 우린 차 탕색 | 모해 엽저

면 청 광서 33년(1907) 그가 푸메이따치우(福美大丘)에 사는 룬까오샹(侖高響)의 집을 지나 시장에 가는데 룬까오샹이 한 품종의 차를 이야기하는데 이 차는 매우 빨리 자라서 2년이면 잎을 따 차를 만들 수 있다고 했다. 쟝은 돌아오는 길에 100주를 사서 자기 차밭에 심었더니 생산량도 많고 품질도 좋았다. 그래서 모해는 매우 빠르게 핑조우 부근에 퍼졌다."

모해는 관목형이고 재배하기 쉽고 생산량도 비교적 많으며 오룡차 만들기에 적합하다. 제다는 철관음과 비슷하고 특급, 1급, 2급, 3급, 4급으로 구분한다.

완성된 차는 단단하게 말려 졌는데 둥근 것, 나선형, 원형 등의 모양이고 머리 쪽은 크고 아래쪽은 야간 뾰족하고 줄기 끝이 고르지 않다. 싹은 솜털이 뚜렷하여 "백심미(白心尾)"로 불리는데 솜털은 잘 떨어진다. 차 색은 검은 빛나는 녹색이고 광택은 약하다.

차 탕색은 청황색 또는 금황색이고 향기는 맑고 상쾌하다. 흔히 말하기를 "청화향(淸花香)"이라 하는데 쟈스민 향과 비슷하다.

맛은 맑고 순수하나 깊은 맛은 부족하다. 엽저는 잎을 펼치면 가운데는 넓고 영 끝은 뾰족하며 잎 가장자리에 톱니모양이 촘촘하고 붉은 테는 뚜렷하지 않다.

매점(梅占)

매점은 안시 루티엔(蘆田) 싼양촌(三洋村)이 원산이고 100여 년의 역사를 가지고 있다. 전하는 이야기에 의하면 청도광 원년 전후에 루티엔에 차나무 한 그루가 있었는데 키가 크고 잎은 길쭉했지만 사람들은 그 이름을 몰랐다.

시핑(西坪) 야오양(堯陽)에 사는 왕씨가 루티엔에 성묘를 갔는데 루티엔 사람이 왕씨에게 그 차나무 이름을 묻자, 왕씨가 말이 막히자 문득 머리를 들어보니 문 위에 붙어 있는, "매점백화괴(梅占百花魁)"라는 구절을 보고 그냥 편하게 "매점"이라 말해서 이것이 차 이름이 되었다.

매점이 원래 생산되던 지역은 자운산이고 현재는 롱동(龍洞), 루티엔(蘆田), 후치우(虎邱), 시핑(西坪) 등이다. 기타 푸지엔성(福建省) 여러 지역에서도 재배하고 있고 장수성(江蘇省), 저장성(浙江省) 등지에도 전파되어 있다.

매점 품종은 재배 지역에 따라 오룡차 이외의 다른 종류의 차를 만들기도 한다. 매점으로 만든 오룡차는 향이 독특하고 품질도 비교적 좋다.

만들어진 차는 크고 튼실하며 길쭉하며, 줄기가 굵고 잎 사이 간격이 넓으며, 갈록색에 어두운 붉은 기가 약간 있고 붉은 점도 있다.

깊은 맛이 있고 향도 짙다. 아주 미세하게 풋풋한 맛도 느껴진다. 엽저는 약간 거칠고 뻣뻣하고 입자루가 길고 입 꼭지가 넓으며 잎맥도 크다.

공부차·Gong Fu Cha

기란(奇蘭)

기란은 안시 원산 품종이다. 만들어진 차는 비교적 가늘고 작으며 그리 무겁지 않고 줄기는 가는 편이고 입자루가 좁고 황록색이나 갈록색이고 윤이 난다. 탕색은 맑은 황색 혹은 등황색이고 맛은 청순 신선하고 달다. 향기는 맑고 행인차(杏仁茶)나 도인차(桃仁茶) 같은 맛이 나기도 한다. 엽저는 잎 맥이 희고 잎의 양 끝은 각진 것 같고 잎 면은 깨끗하다.

기란은 종류가 많은데 백아기란, 청심기란, 소엽기란, 죽엽기란 등으로 맛과 향은 각각 특성이 있다.

대엽오룡(大葉烏龍)

대엽오룡은 대엽오라고 부르기도 하는데 원산지는 안시 창컹 산핑(長坑珊屛)이다. 전하는 이야기에 의하면 청 옹정 9년 안시 창컹에 사는 쑤룽(蘇龍)이라는 사람이 지엔닝부에서 차나무 묘목을 구해다 심었는데 수확이 좋아 현지 농민들이 서로 가져가 번식하였다.

수룽이 죽은 후에 사람들은 그 차나무 품종을 쑤룽이라고 부르기도 하고 대엽쑤룽이라고 부르기도 했다. 후에 사람들은 그 차의

청심오룡(淸心烏龍) 차나무

工夫茶

수룡이 죽은 후에 사람들은 그 차나무 품종을 수룡이라고 부르기도 하고 대엽수룡 이라고 부르기도 했다. 후에 사람들은 그 차의 특성에 맞게 대엽오룡으로 고쳐 불렀다.

특성에 맞게 대엽오룡으로 고쳐 불렀다.

차품이 비슷한 차들이 많은데 예를 들면 연지오룡, 소엽오룡 등이 있고 현재는 더 자세하게 분류하여 남전오룡, 홍골오룡, 홍심오룡, 왜각오룡, 견오룡, 조오룡 등으로 나누기도 한다. 현재 안시 창컹, 시핑 등지에서 주로 생산된다.

대엽오룡(大葉烏龍)

| 첫 번째 우린 차 탕색 | 대엽오룡 엽저 |

공부차·Gong Fu Cha

백모란(白牡丹)

백모란은 안시 오룡차 중에서도 명차에 속한다. 반 야생품종에 속하여 재배하기가 비교적 어렵다. 비옥한 토지보다 박한 곳을 좋아해서 잎이 얇고 생산량도 적다. 철관음 만큼 인기가 있지도 않고 생산량도 적어서 현재 도태되고 있다. 만들어진 차는 황록색에 윤기가 흐르고 약간 꺼끌하다. 모란향이 나고 맛은 맑고 상쾌하고, 엽저는 두텁고 엽맥이 드러나 보인다.

백모란(白牡丹)

첫 번째 우린 차 탕색

백모란 엽저

工夫茶

모해(毛蟹)와 철관음(鐵觀音) 구별

① 모해(毛蟹) — 검은 녹색이고 나선형으로 잘 말려있고, 줄기는 둥글고 차 표면에 솜털이 많다.
② 모해의 엽저 — 잎 가운데가 넓고 양 끝은 좁다. 잎 가장자리는 붉은 색이 뚜렷하고 독수리 부리 모양의 톱니가 보인다.
③ 철관음 엽저의 질감 — 펼쳐진 잎은 얇은 편이다.

④ 모해 엽저 — 펼쳐진 잎은 두텁고 부드러우며 가장자리는 깔끔하다.
⑤ 모해, 철관음 잎 가장자리 비교 — (오른 쪽 위) 모해 날카로운 톱니 모양이 뚜렷하다. (아래)철관음 톱니 모양이 둔하고 불규칙적이다.

공부차 · Gong Fu Cha

황금계(黃金桂)

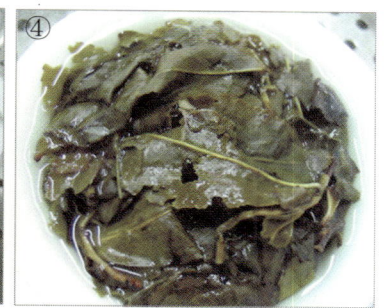

① 보통 황금계. ② 특급 황금계 — 황금계는 다른 차에 비하여 찻잎이 좁고 줄기도 가늘고 길다.

③ 보통 황금계의 엽저.

④ 특급 황금계의 엽저 — 펼쳐진 잎은 황록색이고 질감은 부드럽고 잎은 얇으며 잎맥이 뚜렷하다.

⑤ 황금계의 엽저 — 여리고 쇰에 따라 잎의 탄성이 차이가 있다.

⑥ 특급 황금계의 탕색 — 금황색으로 투명하고 광택이 있다. 황금계의 최대 특징은 향기에 있는데 "사람을 기절시키는 향"이라는 찬사가 있다.

工夫茶

工夫茶

본산(本山) · 1

① 본산(本山) — 크고 튼실하고 무겁다. 가지 끝이 조금 굵고, 황록색이고 윤이 난다.
② 본산모차(本山毛茶) — 줄기가 가늘고 길며 맑은 붉은 색이다.

본산(本山)·2

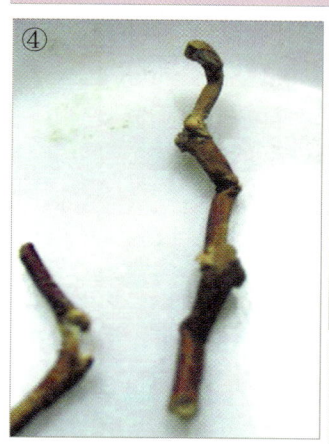

① 부러뜨린 본산의 가지 — 가지를 부러뜨리면 깨끗하게 부러뜨려지지 않고 가지의 껍질이 속 목질부와 같이 붙어 길게 부러진다. 본산의 특징이다.
② 부러뜨린 철관음가지 — 칼로 자른 것처럼 깨끗하게 부러진다.
③ 본산의 엽저 — 잎이 비교적 길쭉하고 얇다. 잎의 주맥은 희고 뚜렷하다. 잎 가장자리의 톱니는 날카로운 편이고 비교적 규칙적이다.
④ 본산의 가지 — 대나무 마디 같이 되어 있고 가늘다.

3. 푸지엔 오룽차

푸지엔(福建)은 오룽차(烏龍茶)의 발원지이며 주산지이다. 민남과 민북의 중요한 양대 차 산지가 있는데, 민남은 안시가 민북은 무이 암차가 대표적이다. 그러나 안시차와 무이암차가 아닌 또 다른 독특한 품격을 가진 차들이 있고 이 차들 또한 많은 차인들의 사랑을 받는다.

민북수선

민북 차 산지의 중요한 오룽차 품종 중 하나가 민북수선(閩北水仙)이다. 생산량이 민북 오룽차 생산량의 60~70%를 차지하고, 푸지엔 오룽차 계에서 가볍게 볼 수 없는 위치를 차지하고 있다.

수선 품종은 오룽차에 적합한데, 푸지엔(福建) 지엔양(建陽) 샤오후향(小湖鄕) 따후촌(大湖村)의 엔이산(嚴義山) 주시엔동(祝仙洞)이 발원지이고, 현재는 지엔오우(建甌) 현과 지엔양(建陽) 현에서 주로 생산된다. 수선은 산지에 따라 이름을 달리하는데 무이산에서 생산하는 수선은 무이수선, 기타 민북 산지에서 생산하는 수선은 민북수선이라 한다.

민북수선의 제다방법은 주청(做靑) 단계까지는 일반 오룽차 제다법과 비슷하다. 주청 이후의 방법에 차이가 있는데, 이는 민남 오룽차는 탱탱하게 말린 외형을 중시하기 때문에 포유 공정의 횟수가 더 많다. 민북 오룽차는 찻잎이 길이로 꼬인 형으로 민남 오룽과는 다르게 포유 공정이 없다. 근래에는 민북 수선도 포유공정을 넣는 경우가 증가하고 있다. 살청(殺靑)

공부차 · Gong Fu Cha

후의 홍배(烘焙) 공정은 처음에는 고온으로 수분을 증발시키고, 나중에는 연한 불로 하는 것이 다르다.

그 제다공정은 위조(쇄청 혹은 실내위조), 요청(搖靑), 살청, 유념, 초홍(初烘 : 1차 열에 의한 건조), 포유(包揉 : 철관음 제조방법에서 설명한 것처럼 보자기로 싸서 뭉쳐서 유념), 족화(足火 약한 불로 천천히 충분히 건조)이다.

포유가 끝난 민북수선
수선 차나무 | 민북수선 탕색

工夫茶

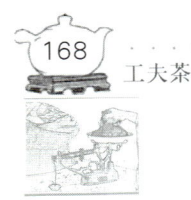

민북수선은 그 품질에 있어서 철관음과 필적한다는 평가를 받고 있으며, "수선은 맛이 깊고, 향기는 모든 차 중 으뜸이다."라는 칭찬도 있다.

만들어진 차는 가닥으로 탱탱하게 말렸으며 무겁다. 잎 끝은 약간 비틀리고 굽어 있고, 어두운 녹색으로 까끌하면서도 윤이 나고 잠자리 머리 모양, 개구리 허벅지 모양이다. 난화의 맑은 향이 짙게 퍼지고, 맛은 깊고 조화로우며 뒷맛도 달다. 탕색은 맑고 등황색이다. 엽저는 두텁고 부드러우며 황색이다. 잎 가장자리는 테 모양 붉거나 붉은 반점이 있는데 흔히 말하는 "삼홍칠청(三紅七靑)"이다.

백모후(白毛猴)

백모후는 푸지엔 정허(政和)현이 원산으로 그 곳 사람들은 "백후(白猴)"라고 부르기도 하는데 모양이 원숭이 닮았다고 해서 붙여진 이름이다. 정허현의 차 역사는 매우 오래되었고, 정허 대백차 품종의 원산지이다. 정허 대백차는 은침을 만들기에 적합한데 싹이 크고, 송나라 때부터 은침으로 유명하다. 1910년 그곳 차상 판창의(范昌義)가 처음 백모후를 만들었다. 만들 때 특히 솜털이 떨어지지 않게 주의하며, 모양에도 신경을

백모후 차나무

백모후는 푸지엔 정허(政和)현이 원산으로 그 곳 사람들은 "백후(白猴)"라고 부르기도 하는데 모양이 원숭이 닮았다고 해서 붙여진 이름이다.

쓴다. 백모후는 외형이 두텁고 크며 말려있고 솜털이 뚜렷하고, 탕색은 등황색이고 맛은 조화롭고 향은 맑다.

영춘불수(永春佛手)

영춘불수는 주로 푸지엔 잉춘현(永春), 쑤컹(蘇坑), 위토우(玉斗) 등 지역의 고산차원(高山茶園)에서 생산되는 불수종으로 만든 오룡차이다. 잉춘에서 생산되는 불수종은 오래전부터 최고급품으로 인정받고 있어서, 지방에서 생산되는 불수종과 구별하여 영춘불수로 부른다.

불수품종의 원산지는 일설에 의하면 안시(安溪) 진빵(金榜) 치후앤(騎虎岩)이라고도 하고, 난안(南安) 홍라이(洪瀨) 쉐펑산이 원산이라는 주장도 있다. 1919년 잉춘화싱(永春華興) 종식유한회사(種植有限公司)에서 원산지에서 묘목을 가져와 잉춘 후샹산(虎巷山) 심어 휘문이 방법으로 번식시켜 재배면적을 넓혔다. 1930년대 초 영춘불수로 만든 차를 양철 상자에 넣어 샤먼(廈門)의 차상이 홍콩, 마카오, 그리고 해외에 수출하여 일시에 명성을 얻었다.

불수품종은 봄에 싹이 올라 올 때 붉은 싹이 나오는 홍아(紅芽) 불수와 녹색 싹이 나오는 녹아(綠芽) 불수가 있는데 홍아 불수가 더 좋고, 자란 신선한 잎은 손바닥만 하고 불수감 잎과 비슷하다.

만들어진 불수의 특징은 외형이 말린 굴 같고 잎이 녹색으로 윤이 나며 가는 모래를 만지는 느낌이 들고, 말아진 잎은 탱탱하고 크며 도톰하고 무겁고 둥글게 말렸다. 차를 우리면

향이 그윽하면서도 진하게 풍겨 나오는데, 집안에 몇 개의 불수감이나 레몬을 걸어 놓은 것처럼 솔솔 풍겨난다. 맛은 달고 깊고 조화로우며 여러 번 우릴 수 있고, 탕색은 금황색이고 맑고 투명하다.

불수품종은 불에 싹이 올라 올 때 붉은 싹이 나오는 홍아(紅芽) 불수와 녹색 싹이 나오는 녹아(綠芽) 불수가 있는데 홍아 불수가 더 좋고, 자란 신선한 잎은 손바닥만 하고 불수감 잎과 비슷하다.

영춘불수(永春佛手)

| 영춘불수 엽저 | 첫 번째 우린 차 탕색 |

4. 광둥 오룡차-봉황수선

광둥 오룡차는 온화하고 두텁고 무거운 것으로 유명하다. 대표적인 것이 차오조우(潮州)의 봉황수선(鳳凰水仙)이다. 봉황수선은 명차중 하나로 차색은 황갈색이고 향기는 맑고 진하며 맛은 조화롭고 진하며 달다. 탕색은 옅은 황색이다. 봉황수선은 차오산(潮汕 : 차오조우 산토우) 사람들, 동남아 화교들이 좋아하는 차 중의 하나이다.

《조주부지(潮州府志)》에 "봉황산의 명차는 황제에게 바치는 유명한 차다"라는 기록이 있고, 민간에 전해오는 이야기에는 남송 말기의 황제 조병(趙昺)이 봉황산으로 피난 와서, 목이 말라 고생하고 있을 때 산중에 있는 찻잎을 따서 씹었더니 갈증이 가시고 입에 침이 고이고 기분이 좋아 황제가 매우 칭찬하였다. 그래서 봉황산의 이 차종을 사람들은 "송차(宋茶)"라 불렀다.

봉황수선은 광둥수선, 요평수선으로 불리기도 하는데, 차오안현 봉황산이 원산이다. 재배역사가 오래되었고 후난성, 장시성, 저장성 등지에도 심고 있다. 봉황수선종은 나무 키가 크고, 잎이 크고 많이 달리며 긴 타원형 또는 타원형이다. 잎 끝이 까마귀 부리 같이 약간 아래로 굽어져 있는데 현지 농민들은 그것을 보고 "오취차(烏嘴茶)"라고 부른다.

봉황수선 주에서도 사용하는 원료와, 제다과정의 정성스럽고 세밀한 정도를 기준으로 봉황단총(鳳凰單叢), 봉황낭채(鳳凰浪菜), 봉황수선(鳳凰水仙) 세 가지 등급으로 나눈다.

工夫茶

수선품종 중에서 선발되어 번식된 단총차수(單叢茶樹)의 찻잎으로 만든 차를 단총급, 조금 아래 단계가 낭채급(浪菜), 그리고 그 아래 단계가 보통 수선급이다.

봉황단총은 수십 년에 걸쳐서 수선품종 군락 중에서 선발 재배된 품종이다. 여기서 채취한 잎으로 숙련된 사람들이 정성을 들여 만들어 "모양이 아름답고, 비취빛으로, 향은 진하고, 맛은 달다"는 평을 받고 있으며, 각각 그 향과 맛의 차이에 따라 황지향(黃枝香), 지란향, 도인향(桃仁香), 옥계향(玉桂香), 통천향(通天香) 등의 종류가 있다. 만들어진 봉황단총은 찻잎이 굵고 크고 반듯하며, 황갈색으로 윤이 난다. 그리고 잎에는 붉은 점이 있고 탕색은 등황색으로 맑으며 잔에 금색 띠가 생긴 것 같다. 우리면 향이 오래가는데 확 끼치는 진한 향,

봉황단총은 찻잎이 굵고 크고 반듯하며, 황갈색으로 윤이 난다. 그리고 잎에는 붉은 점이 있고 탕색은 등황색으로 맑으며 잔에 금색 띠가 생긴 것 같다.

봉황단총(鳳凰單叢)

공부차 · Gong Fu Cha

봉황단총(鳳凰單叢) 엽저 | 봉황수선(鳳凰水仙)
봉황수선(鳳凰水仙) 엽저

은은하게 스며드는 향을 모두 갖추고 있다. 맛은 진하고 신선하며 상쾌하고 조화롭고 뒷맛도 달다. 여러 번 우려 마실 수가 있어 여덟 번 우려도 향이 남아있다. 그리고 단총 특유의 산운(山韻)이 있다. 또한 여러 날 두어도 잘 쉬지 않고, 엽저는 두텁고 부드러우며 잎 가장자리는 주홍색이고 가운데는 황색으로 맑다.

봉황단총은 중국명차로 인정되고 있고, 봉황낭채 또한 여러 차례 전국 규모의 품평에서 상을 수상하였다. 그 외 차오조우시 야오핑현 북부 산악지구에서 나는 영두단총(嶺頭單叢)은 20년 이상 된 고산단총으로 정성스럽게 만드는데, 외형이 곧고 탱탱하며 향기가 독특하고 맛도 조화로우며 진한데 벌꿀 같은 향과 맛, 뒷맛 등이 특별하여 광둥오룡차 중 유명한 것 중 하나이다.

차오조우시 차오안현 평황진 스구핑향(石鼓坪鄕)은 유명한 사족(畲族)들의 동네인데 이곳의 석고평 오룡도 유명하다. 이것은 "일선홍오룡(一線紅烏龍)"으로도 불리는데, 완성된 차는 가늘고 가볍고 사녹색(砂綠色: 잎 표면이 매끄럽지 않고 가는 모래 만져지는 것 같은 느낌의 녹색)이다.

우리면 화향이 맑고 높으며, 맛은 조화롭고 상쾌하며 탕색은 등황색으로 맑고 엽저는 가장자리가 붉은색 가운데는 녹색이다. 여러 번 우릴 수 있는데 열 번을 우려도 아직 향이 나고 오래 보관할 수 있다.

타이완 오룡차(차 분류상의 오룡차가 아닌 완성된 차 이름)는 오룡차 중 발효도가 가장 높은 오룡차 중 하나이다.

5. 타이완 오룡차

타이완은 지리적 조건이 차 재배에 적합하여, 세계의 모든 종류의 차가 다 자랄 수 있다. 문헌에 의하면 타이완에 차가 나타나는 것은 17세기 이전이지만, 차 산업이 발달하기 시작한 것은 무이산차와 안시차가 타이완에 옮겨 심어진 18세기에서 19세기 사이이다. 가장 처음 만들기 시작한 차가 오룡차이고 나중에 타이완 특유의 포종차가 나타났다. 현재 타이완에서 자라는 차수 종류는 매우 많지만 타이완을 대표하는 차는 오룡차(烏龍茶)와 포종차(包种茶)이다.

⑴ 타이완 오룡차

타이완 오룡차(차 분류상의 오룡차가 아닌 완성된 차 이름)는 오룡차 중 발효도가 가장 높은 오룡차 중 하나이다. 이는 타이완에서 처음부터 생산하기 시작한 차이고, 현재 연 생산량은 2,000톤 정도이다. 그 중 대부분 수출되고 국내 소비량은 10% 정도이다. 주요 수출대상국은 미국, 영국, 독일, 네덜란드, 일본 등이다. 고급 타이완 오룡차는 1창2기(一芽二葉) 로 만들고, 위조, 초청, 회연(回軟, 초청 후 차를 젖은 천으

타이완 오룡차 생산지역 표시도.
오룡차 산지. 포종차 산지.

로 싸서 부드러워지게 하는 것), 유념, 초건(初乾), 홍건(烘乾)등 공정으로 만들어진다.

고급 타이완 오룡차는 차 싹이 크고 굵으며 솜털이 뚜렷하고 말아진 찻잎 짧다. 잎에 홍색, 백색, 황색의 세 가지 색을 띠어 화려하고 아름다우며, 탕색은 호박 같은 등황색이고, 엽저는 옅은 갈색인데 가장자리는 붉고 아랫부분은 녹색을 띤다. 잎은 손상되지 않고 완전하고 싹도 줄기에 붙어 있다.

(2) 타이완 오룡명품

백호오룡(白毫烏龍), 팽풍차(膨風茶)

백호오룡은 "팽풍차" "동방미인차"라고도 불리며 뛰어난 품질을 자랑하는 타이완의 대표적인 차이다.

타이완의 독특한 오룡차 진품(珍品)으로 대접받고 있는 백호오룡은 "팽풍차(膨風茶)", "동방미인차(東方美人茶)"라고도 불리며 뛰어난 품질을 자랑하는 타이완의 대표적인 차이다.

팽풍(膨風, 碰風, 凸風)은 타이완 객가(客家) 말로 "과장, 허풍"의 뜻이다. 이 차가 품질에 있어서 최고의 차라는 의미이다. 그러나 사실은 허풍이 아닌데, 과거에 그 생산량이 한정되어 있어 고급품은 구하기 힘들었다. 상인들이 등급을 속이고 가격을 어지럽게 하여 민간에서 "허풍(膨風)"이라는 아름답지 못한 이름을 얻었다.

백호오룡의 주 산지는 타이완 북부, 타이뻬이(臺北)현의 원산(文山), 타이뻬이시(臺北市)의 난강(南港), 신주(新竹) 어메이(峨眉), 뻬이뿌(北埔) 헝산(橫山), 먀오리(苗栗)의 싼완(三灣), 토우편(頭分), 난좡(南庄), 스탄(獅潭) 등이다.

공부차·Gong Fu Cha

　매년 오월 단오를 전후로 타이완의 날씨는 매우 덥고 건조한데, 차밭은 초록애매미충의 피해를 보기 쉽다. 이 충은 멸구라고도 불리며 성충이나 유충 모두 여린 잎을 좋아하고 주로 잎의 아래 면에 서식하는데 싹에 침을 대고 즙을 빨아 먹는다. 심할 때는 싹이 나는 줄기가 홍갈색으로 말라 죽고 잎도 말라 불에 탄 것처럼 되어 찻잎을 수확하지 못한다. 이상한 것은 멸구의 피해가 가벼운 경우 차농들은 큰 돈을 벌 수 있다. 이렇게 가벼운 피해를 입은 찻잎만이 홍배(烘焙)하여 팽풍차를 만

백호오룡(白毫烏龍)

工夫茶

백호 오룡을 따는 표준은 일가이창(一芽二葉)이다. 매년 망종 전후에 멸구 피해가 가벼운 차밭만을 선택하여 원료를 수집한다.

① 백호 오룡의 첫 번째 우린 차 탕색.
② 철관음의 첫 번째 우린 차 탕색.
③ 대홍포의 첫 번째 우린 차 탕색.

들 수 있다. 따라서 5~6월에 멸구의 피해를 입은 찻잎만이 백호오룡의 원료가 된다. 백호오룡을 따는 표준은 1창2기(一芽二葉)이다. 매년 망종 전후에 멸구 피해가 가벼운 차밭만을 선택하여 원료를 수집한다. 멸구가 빨아먹은 차나무의 새로 돋은 가지는 1창2~3기(一芽二三葉) 이후 성장을 중지한다. 이에 여린 잎은 금황색이며 숟가락 모양으로 오므라들고, 싹이 달린 부분은 비대해지고 솜털이 뚜렷하여 고급 오룡차 만들기에 최적의 원료가 된다.

    채취한 원료는 30°C 전후의 온도에서 일광위조를 진행하고 수분이 20~35% 정도일 때 실내로 옮겨 위조를 계속한다. 실내에 둔지 1~2시간 후 요청(搖靑)과 펼쳐 널기에 들어간다. 요청과 펼쳐 널기는 교대로 진행하는데 1~2시간에 한 차례의 요청을 한다. 요청과 펼쳐 널기는 3~4회 진행한다. 요청의 요청기 회전 횟수는 1차에 45회전, 차수의 늘어남에 따라 회전수도 늘어난다.

마지막 요청 후에는 비린내 비슷한 냄새가 나는데 2시간 후에는 없어지고 계속 화향이 난다. 화향이 나기 시작하고 엽면이 붉은 구리색이 되고 만져서 부드러우면 초청으로 넘어갈 때이다. 초청시 솥의 온도는 100℃를 초과하면 안 된다.

덖는 중에 차가 건조해진 느낌이 들면 차를 젖은 자루에 싸서 10분 정도 지난 후 차가 부드러워지면 유념을 시작한다. 유념이 끝나면 뭉쳐진 것을 풀어 건조기에 넣고 홍배를 진행한다. 건조기의 온도는 100℃로 하고 줄기가 쉽게 부러질 정도 건조되면 마친다.

백호오룡은 발효도가 가장 높은 오룡차로 발효도는 70%에 이르고, 모양이 매우 특이하여 꽃봉오리 같다. 싹은 두텁고 크며 잎이 길게 말린 모양을 중요하게 생각하지 않으며 잎은 갈홍색이고 여린 줄기는 황갈색이고 싹은 은백색이다. 광택 있고 윤이 나는 홍백황(紅白黃) 세 가지 색이 섞여서 다른 차에서 볼 수 없는 아름다움이 있다.

탕색은 등황색인데 맑고, 천연 과향이 그윽하게 풍겨온다. 차 맛은 깊고 진하며 달고 조화로우며 떫지 않다. 마신 후에 천천히 침이 고이고 입안에 달고 조화로운 뒷맛이 남는 것이

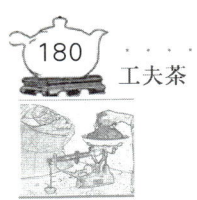

상등품 차이다. 5회 이상 여러 번 우릴 수 있고 차게 마셔도 좋고 뜨겁게 마셔도 좋다.

타이완에 진출한 영국 회사(John Dodd가 설립한)에 의해서 1868년 마카오에 수출되었고 이듬해 미국으로 수출되었다. 이 차를 마셔본 영국인들은 이 차를 "동방미인"이라고 극찬하여 이 차의 이름이 오히려 동방미인으로 널리 알려져 있고, 서양인들이 이 차를 마실 때 샴페인을 한 두 방울 떨어뜨려 마시기도 하여 "샴페인 오룡"으로 불리기도 한다. 만들어진 차는 오룡차에서는 보기 드물게 솜털이 뚜렷하다.

백호오룡은 발효도가 가장 높은 오룡차로 발효도는 70%에 이르고, 모양이 매우 특이하여 꽃봉오리 같다.

백호오룡(白毫烏龍)의 엽저

공부차 · Gong Fu Cha

목책(木柵) 철관음(鐵觀音)

철관음은 안시 철관음이 유명하지만 타이완의 철관음도 안시 철관음과 다른 스스로의 독특한 품격이 있다.

목책 철관음은 청 광서 년 간에 쟝나이먀오(張乃妙), 쟝나이첸(張乃乾) 형제가 조상의 고향인 안시에서 옮겨 심은 것이다. 안씨 형제가 안시의 고향으로 친척을 만나러 갔다가 철관음을 마셔보고 그 맛에 반해 12그루의 철관음 묘목을 타이완으로 돌아 올 때 가지고 와서 자기들이 사는 무자(木柵)에 심었다. 이때가 19세기 말이었고, 20세기 초에 쟝나이먀오는 정부의 차사(茶師) 신분으로 파견되어 안시에서 정식으로 철관음 묘목을 천 주 구입하여 무자의 쟝후산(樟湖山)에 심었다.

이 곳의 자연 환경이 안시와 비슷하여 차나무가 잘 자라고 차의 품질도 좋았다. 장씨는 여러 해 동안 보급활동을 벌려 무자가 철관음 산지로 발전하였다. 쟝나이먀오는 1930년대에 다시 안시에 가서 철관음의 제다기술을 연구했으며, 안시의 기술자들을 무자로 초청하여 제다기술의 향상을 도모했다. 그의 공헌을 기리기 위해 무자에 장나이먀오 기념관을 세웠다.

건조된 목책 철관음.

목책(木柵) 철관음(鐵觀音) 탕색.

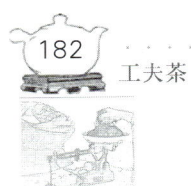
工夫茶

무자 철관음의 제다는 유념과 홍배방법이 일반적인 제다방법과 다르다. 세 차례 유념하고 세 차례 홍배하며 홍배는 약한 불에 긴 시간 동안 한다.

그 제다공정은 : 일광위조(日光萎凋) → 실내정치(室內靜置), 요청(搖靑), 발효 → 초청(炒靑) → 유념(初揉) → 풀어 헤치기홍배(初焙 : 주로 수분제거) → 포유(包揉) → 풀어 헤치기 → 두 번째 홍배(再焙) → 두 번째 포유(再包揉) → 풀어 헤치기 → 마지막 홍배로 충분히 건조.

만들어진 목책 철관음은 찻잎이 말려 둥그렇게 보이고 흑록색으로 윤이 나고 탕색은 금황색으로 맑고 투명하고 맛은 달고 목에 넘어가는 느낌이 매끄러우며 향이 짙게 퍼지는데 젖내음이 난다.

목책 철관음은 청 광서 년 간에 장나이먀오(張乃妙), 장나이쳰(張乃乾) 형제가 조상의 고향인 안시에서 옮겨 심은 것이다.

타이완 포종차

포종차는 타이완에서만 생산되는 타이완 특산품이다. 주요 산지는 타이뻬이(臺北), 이란(宜蘭), 타오위엔(桃園), 신주(新竹), 마오쑤(苗栗), 타이중(臺中), 난토우(南投) 등의 지역이다.

전해오는 이야기에 의하면 160여 년전 푸지엔성 안시에 왕이청(王義程)이라는 차농이 무이암차 제조방법을 모방하여 차를 만들었다. 그는 차나무 한 그루 한 그루에서 딴 찻잎을 구별하여 차를 만들고 그 중에서 좋은 차는 4양(150그램 정도)을 한 봉지로 포장하였다. 직육면체 모양으로 포장한 표면

청심 오룡 차나무 수형이 왜소하고 옆으로 퍼져있다.

에 차 이름과 상점 이름을 도장 찍었는데 도장에는 "포종(包種)" 혹은 "포종차(包種茶)"라고 새겨져 있었다. 1881년 푸지엔 차상인은 타이뻬이에 상점을 열고 포종차를 전문으로 만들었다. 이후 그 제조방법이 난강, 원산 등지로 전해졌다.

포종차는 발효도가 7.5~19% 정도로 오룡차 중에서 가장 낮은 발효도를 나타낸다. 다 만들어진 문산 포종차는 잎이 길이로 말린 형이고 동정 포종은 둥글게 말아진 형이다.

포종차를 만드는 원료는 청심 오룡 품종이 주로 많다. 좋은 포종차는 말아진 잎이 크고 길며 짙은 녹색이고 회백색 반점이 있다. 마른 차에서도 맑은 난화향이 나고 우리면 차향이 코를 찌른다. 탕색은 황록색으로 맑고 투명하며 맛은 달고 목 넘김이 매끄럽고 마시고 난후 뒷맛도 달다. 포종차는 "향(香), 농(濃), 순(醇), 운(韻), 미(美)"를 갖추고 있으며 특히 맑고 상쾌한 향과 여운이 좋아 사람들에게 "청차(淸茶)"로 불린다.

청심오룡. 연한 색의 엽맥이 뚜렷하다

(3) 타이완 포종차 명품

문산(文山) 포종(包种)

타이완 포종차의 주요산지는 타이뻬이 현의 원산(文山), 싼샤(三峽), 타이뻬이시의 무져(木柵), 난강(南港), 이란현의 쟈오시(礁溪), 싼싱(三星), 똥산(冬山), 타오위엔(桃園)현의 따시(大溪), 롱탄(龍潭), 신주(新竹)현의 주똥(竹東), 뻬이푸(北埔) 어메이(蛾眉) 꽌시(關西), 후코우(湖口) 마오쑤(苗粟)현의 싼완(三灣), 난좡(南庄) 토우위(頭屋) 토우펀(頭份) 싼이(三義) 난토우(南投)현의 밍지엔(名間) 루구(鹿谷) 화리엔(花蓮)현의 루이쑤이(瑞穗) 타이똥(臺東)현 루애(鹿野)등의 향, 진, 시이다. 그 중에서도 타이뻬이 현의 문산 지역에서 생산되는 "문산 포종차"가 향도 가장 좋고 품질도 가

문산 포종차는 손으로 딴다. 새 가지에 싹이 돋은 1~2일 후 두 번째, 세 번째 잎이 딱딱해 지기 전에 싹과 두 번째, 세 번째 잎을 딴다.

문산(文山) 포종차

공부차·Gong Fu Cha

문산 포종 엽저(위). 문산 포종 탕색(아래).

장 우수하다. 문산지구와 타이빼이 현의 신디엔(新店), 핑린(坪林), 스딩(石碇), 선컹(深坑), 시즈(汐止), 난강(南港)등의 차 생산지구를 합하면 면적이 46,000만 평에 달하고, 차밭은 해발 400미터 이상의 산지에 위치한다.

이 지역은 일년 내내 기후가 춥거나 무덥지 않고, 따뜻하거나 서늘하며 안개와 구름이 자욱하게 끼고 토양은 비옥하다. 이런 환경이 문산 포종차의 품질을 좋게 한다. 문산 포종차는 손으로 딴다. 새 가지에 싹이 돋은 1~2일 후 두 번째, 세 번째 잎이 딱딱해 지기 전에 싹과 두 번째, 세 번째 잎을 딴다. 고급품은 곡우 전후와 백로 전후에 딴다. 여름에 딴 잎은 뻣뻣하고 페놀 함량이 높아 맛이 쓰고 떫어 고급차용으로는 적합하지 않다. 포종차는 길게 말아 만든 형 포종차와(條形), 반구형(半球形) 포종차로 나누는데 문산 포종차는 반구형이다. 그 제조공정은,

신선한 잎 → 일광위조(혹은 열풍위조) → 실내 위조 및 요청 → 살청 → 유념 → 해괴(解塊 : 뭉쳐진 찻잎을 털어서 푼다.) → 초배(初焙) → 복배(復焙) → 완성된 차.

신선한 찻잎을 따오면 우선 품종과 차를 딴 시간(오전에 딴 차, 점심 직후 딴 차, 오후 늦게 딴 차) 별로 나누어 차를 만든다. 찻잎은 적당량을 채취하여 그날 딴 찻잎은 그날 만들어야 한다. 찻잎을 따오면 바로 펼쳐 널어야 한다. 이때 두껍게 널어 열에 의해 잎이 홍색으로 변한 것은 "죽은 잎"이라 하여 사용하지 못한다. 잎을 너는 시간은 6시간을 초과하지 말아야 하고, 6시간이 지나면 품질이 떨어지기 쉽다.

> 문산 포종차는 그윽한 화향과 달고 촉촉한 맛으로 유명하다. 완성된 차는 검은 녹색에 약간 비취빛을 띠고 표면이 선명하게 광이 나며 회백색 반점이 있다.

문산 포종차는 그윽한 화향과 달고 촉촉한 맛으로 유명하다. 완성된 차는 검은 녹색에 약간 비취빛을 띠고 표면이 선명하게 광이 나며 회백색 반점이 있다. 잎 하나하나가 탱글하며 잎 끝이 굽어 있다. 다 만들어진 차는 난화향이 나고 차를 우리면 그윽한 청향(淸香)이 나고 마시면 꽃향이 코를 찌른다. 탕색은 금황색으로 맑고 아름다우며 맛은 달고 조화로우며 촉촉하고 매끄러우며 뒷맛도 달다. 엽저는 신선한 녹색이며 잎과 싹이 그대로 붙어 있다. 문산 포종차는 타이완 북부 지역을 대표하는 차로 "북에는 포종차 남에는 동정(北文山, 南凍頂)"이라고 하여 칭찬 받는 귀한 차이다.

공부차·Gong Fu Cha

동정산(凍頂山) 전경

동정(凍頂) 오룡(烏龍)

동정 오룡은 타이완 차중 차성(茶聖)으로 불리고 있다. 이 차는 난토우(南投)현 루구(鹿谷)향 장야(彰雅)촌 똥띵(凍頂)산에서 생산된다. 동정 오룡차는 포종차와 제법이 같은 경 발효 차로 포종차에 속한다. 원산 포종차와의 차이는 원산 포종차는 청향(淸香)이 뚜렷하고, 동정 오룡차는 마시고 난 후의 여운이 오래가고 뒷맛도 달다. 그리고 외형이 원산 포종차는 길이로 말린 조형(條形)이고 동정 오룡차는 반구형이다.

동정 오룡의 유래에 대한 전해 오는 이야기는 여러 가지이

工夫茶

다. 동정산은 매우 미끄러워 산에 오르려면 잔뜩 긴장하고 발가락 끝으로 올라가야 하는데 이를 타이완 속어로 "동각첨(凍脚尖)"이라고 하고, 바짝 긴장하고 발가락 끝으로 겨우 올라갈 수 있는 산이라는 의미에서 동정산이고 이 곳에서 나는 차는 따라서 동정차가 되었다.

동정 오룡차의 원료는 모두 청심오룡 차나무에서 딴 찻잎이다. 청심오룡 품종은 청 도광 년간(1821~1850)에 루구(鹿谷)향 추샹(初鄉)촌에 사는 향시에 합격한 린펑츠(林風池)가 푸지엔에 과거보러 갈 때 도와준 친척 린싼시엔(林三顯)에게 보답하기 위해서 돌아 올 때 무이산에서 가져 온 것이다. 그는 청심오룡 차수 묘목 36주를 가져와 그중 12주는 똥띵산에 사는 린싼시엔에게 주고 나머지는 주린촌, 다핑띵, 추샹촌 등에 심었는데 동띵산에 심은 12주만 잘 자라 번식하였다. 이 차의 품질이 우수하여 부근 농민들이 서로 다투어 묘목을 구해 심어 지금의 똥띵 차 지구가 만들어 졌다.

루구향은 동정 오룡차의 생산량이 많은 지역으로 산수가 아름다워 타이완의 유명한 펑황곡(鳳凰谷) 풍경구이다. 해발 500~900미터의 지역으로 연 평균 기온이 22℃로 기후가 온화하고 공기 중 습도가 높으며 일년 내내 구름과 안개가 자욱하다. 땅이 부드럽고 깊으며 배수성도 양호하다. 정말로 차의 생산에 알맞은 고을이라 할만하다. 똥띵산은 루구향 봉황산의 동쪽 기슭으로 구름과 안개가 자욱한 하늘이 내린 천혜의 차 산지이다. 장야촌의 똥띵산 평지에도 80여 만 평의 차 밭이 있는데 이곳이 가장 정통 동정 오룡차 생산지역이다.

똥정 오룡차는 마시고 난 후의 여운이 오래가고 뒷맛도 달다. 그리고 외형이 원산 포종차는 길이로 말린 조형이고 동정 오룡차는 반구형이다.

공부차·Gong Fu Cha

동정(凍頂) 오룡차(烏龍茶)

　지금에 와서는 장야촌은 비롯하여 부근의 평황(鳳凰)촌, 용러(永樂)촌 등으로 재배지역이 확대되어 차밭 면적이 3,000여만 평에 달한다.

　동정 오룡차의 따는 표준은 1창2기(一芽二葉)이다. 따온 찻잎은 바로 펼쳐 열을 낮추고, 다음에 발이나 천 위에 얇게 펼쳐 널어 10~20분 햇볕을 쬔다. 그 사이 1~3회 가볍게 뒤집어 준다. 일과위조의 온도는 30~40℃가 적당하며, 두 번째 잎에 광택이 사라지고 잎 표면에 물결 같은 기복이 생기고 만져보면 부드러운 느낌이 있고 청향(淸香)이 나기 시작하면 마칠 때이다.

工夫茶

찻잎은 일광위조가 끝나면 바로 실내로 옮겨 실내위조를 진행하는데 동시에 요청도 한다. 보통 1~2시간 실내에 건드리지 않고 펼쳐 놓으며, 잎 가장자리가 수분이 증발되어 마르고 파도 무늬가 생길 때 첫 번째 흔들기를 시작하며 이후 1~2시간 마다 흔들기를 한다.

찻잎을 펼쳐 너는 두께 및 흔들기의 강도는 회수가 더 해질수록 두껍고 강하게 한다. 흔들기는 3~5회하고 마지막 흔들기 후에는 60~180분 정도 건드리지 않고 펼쳐 놓는다. 풋내가 사라지고 향기가 나기 시작 할 때가 살청에 들어갈 때이다.

살청 → 유념 → 해괴(解塊) → 복초(復炒)의 공정을 3~5회 반복적으로 실시한다. 살청 온도는 160~180℃ 정도이고 잎이 부드러워질 때까지 계속 덖는다. 향과 맛이 숙성되었을 때 덖는 것을 마치고 유념기에 넣어 유념한다. 유념이 완료되면 뭉쳐졌던 찻잎을 펴 넣어 열을 가해 건조시킨다. 이때 찻잎의 수분함량이 30~35% 정도이고 열을 가해 수분이 건조되면 바로 펼쳐 넣어 식게 한다. 이것을 다시 보자기로 싸서 찻잎을 둥글게 말리게 하는 포유(包揉)과정을 진행한다.

동정 오룡차를 만드는 공정 중 홍배(烘焙), 포유(包揉) 과정은 여러 차례 진행한다. 포유 시에는 수공으로 하는 방법과 기계를 이용하는 방법을 다 사용한다. 포유로 뭉친 차를 털어 펼치고 바로 열에 의해 건조 시키고 하는 과정을 3~5회 반복해서 진행하고, 이 과정에서 수분은 서서히 소실되고 차의 외형은 점점 반구형으로 탱탱하게 된다. 마지막으로 두 번 열에 의해 충분히 건조되도록 한다.

동정 오룡은 외형이 잎 끝이 굽어져 있는 반구형으로 탱탱하다. 차색은 선명한 축록색으로 회백색 반점이 있다.

공부차·Gong Fu Cha

　동정 오룡은 외형이 잎 끝이 굽어져 있는 반구형으로 탱탱하다. 차색은 선명한 흑록색으로 회백색 반점이 있다. 만들어진 차는 강한 꽃 향이 나고 우리면 탕색이 황금색으로 맑고 깨끗하며, 계화향 비슷한 그윽한 향이 가득하고, 맛은 깊고 조화롭고 달고 촉촉하며 미신 후 남는 뒷맛도 달다. 엽저는 약간 투명하고, 잎 가운데는 옅은 녹색 가장자리는 붉은 테를 두른 듯하다.

동정 오룡차 엽저(위).
동정 오룡차 탕색(아래).

工夫茶

송백(松柏) 장청차(長靑茶)

송백 장청차의 원래 이름은 "포중차(埔中茶)" 혹은 "송백갱차(松柏坑茶)"이고, 팔괘산맥의 최남단 난토우현 밍지엔향(名間) 송백령에서 생산된다. 이곳은 해발 200~400미터 산 경사지로 기후가 서늘하고 차 재배에 적합하다. 이곳은 일찍부터 차를 재배하고 차의 품질도 뛰어나지만, 동정 오룡차 생산지역과 가깝고 차의 품종도 청심 오룡이고 제다방법도 동정 오룡과 같아서 동정 오룡의 명성에 밀려 지명도가 그리 크지 않다. 그래서 악덕 상인들이 동정 오룡으로 속여 파는 경우도 많았는데, 1975년 이름을 "송백 장청차"로 바꾼 이후 이름을 떨치기 시작했고 타이완의 명차 대열에 합류하였다. 송백 장청차는 주로 기계화 작업에 의해 생산되는 반구형 포종차로 향은 오히려 동정차보다 뚜렷하다. 특히 겨울 차가 향이 강하다. 다만 맛은 동정차만 못하다. 그래도 마신 후의 여운은 훌륭하다.

송백 장청차는 주로 기계화 작업에 의해 생산되는 반구형 포종차로 향은 오히려 동정차보다 뚜렷하다. 특히 겨울 차가 향이 강하다.

송백갱(松柏坑) 차원(茶園).

공부차 · Gong Fu Cha

복수산 고산차

고산차(高山茶)

타이완 고산차는 주로 지아이(嘉義), 난토우(南投), 타이뚱(臺東)등의 현 해발 800미터 이상의 고산 신차원에서 생산되는 포종차이다. 일부 중발효차도 있지만 대부분이 경발효차이다. 아리산(阿里山), 위산(玉山), 쉐산(雪山), 중앙산(中央山), 타이뚱산(臺東山) 등의 고산지역에서 생산되어 고산차라는 이름을 얻었다. 고산차는 생산되는 산 이름을 상품명으로 하여 아리산차, 옥산차(玉山茶), 매산차(梅山茶), 무사차(霧社茶), 노산차(廬山茶), 이산차(梨山茶) 등이 우수한 고산차인데 대부분이 해발 1,000~1,300미터 정도의 높은 지역에서 생산된다.

고산차는 찻잎을 채취하여 일광위조를 한 후에 실내위조, 몇 차례의 요청, 그리고 살청, 유념은 강하게, 몇 차례의 포유를 거친 후에 마지막으로 약한 불에 천천히 말려 만든다.

고산지역은 기온이 비교적 낮고, 아침저녁으로 구름과 안개가 자욱하여 일조시간 및 일조량이 많지 않다. 이런 영향으

로 찻잎에 카테친 등 쓰고 떫은맛을 내는 성분의 함량은 낮고, 차의 theanine[1] 등의 단맛을 내는 성분의 함량은 높다. 더구나 잎이 두껍고 부드러우며 팩틴 함량이 높아 맛이 조화로우며 달고 진하며, 향도 뛰어나고 여러 번 우려 마실 수도 있다.

완성된 차는 짙은 녹색이고 탕색은 금황색이며 매끄럽고 부드러우며, 청향(淸香), 화향, 설탕 눈는 냄새 같은 향 등이 복합된 독특한 향이 은은하고, 맛은 깊고 신선하며 활성도 있다. 엽저는 녹색에 가장자리가 테를 두른 듯이 붉다.

명덕차(明德茶)

명덕차의 원래 이름은 "노전요차(老田寮茶)"였는데 그 이름이 고상하지 못하여 판매에 지장이 있었다. 그리하여 명덕차로 개명을 하였고, 개명 이후에 타이완의 명차 반열에 참여하였다. 생산지는 명덕댐 상류의 토우위(頭屋), 토우펀(頭份) 및 싼완(三灣) 등의 현과 전의 산비탈 구릉지이다.

명덕차 생산지역은 기계를 이용하여 차를 생산하는 대표적인 지역 중 하나이다. 기계화는 노동력 부족을 해결하고 생산 기술을 발전시키고 소비자에게 부담 없는 가격에 차를 공급할 수 있게 한다. 명덕차는 포종차에 속한다. 맑은 향과 달고 조화롭고 부드러운 맛에 명덕차 특유의 풍미가 있다. 외형은 아름답고 탕색은 금황색이다.

명덕차는 포종차에 속한다. 맑은 향과 달고 조화롭고 부드러운 맛에 명덕차 특유의 풍미가 있다. 외형은 아름답고 탕색은 금황색이다.

---

1) 차의 감칠맛을 내는 아미노산 성분으로《미국 과학원 학보》에 차의 theanine은 인체감염을 억제하는 능력을 5배 증가시킨다는 발표가 있었고, T세포의 활동을 촉진시켜 '인터페론'을 분비시킴으로서 감염을 억제하는 화학적인 방어선 역할을 한다고 판명했다.

고산(高山) 금훤차(金萱茶)

고산 금훤차는 타이완에서 새로 육종한 신품종 "대차27호(臺茶27호)"로 만든다. 고산 금훤차는 잎이 여리고 부드럽고 두터우며 잎 색은 취록색으로 광택이 있다. 금황색의 탕색이 아름답고 젖 내음이 나는 독특한 차이다. 여러 번 우릴 수도 있다.

금훤차는 평지에서 생산하는 차와 고산에서 생산하는 차의 구별이 있고, 고산 금훤차는 고산차 특유의 여운이 있다. 만들어진 차는 크고 두텁고 튼실하며, 탱탱하고 크게 말려있다. 탕색은 금황 호박색이고, 달고 조화로운 맛, 여러 번 우릴 수 있고, 향은 젖 내음이 진하고 오래간다.

복수산 고산차 탕색 및 엽저.

工夫茶

대홍포(大紅袍)가 자생하는 무이산 폭포.
골짜기 아래로 차밭이 보인다.

Gong Fu Tea ──────────── 공부차 다구 | 제 4 장

工夫茶
공부차

이싱(宜興) 자사호는 중국 도자 예술 가운데
한 송이 귀한 꽃이다.
그 원료는 주로 이싱시 땅수쩐(鼎蜀鎭)
황룽산(黃龍山) 광산에서 생산된다.
캐낸 광석은 상당 기간 노천에 방치하고,
그 후 분쇄하고 체로 치는 등의 공정을 거쳐
자사니(紫砂泥)를 만든다.
공부차를 우릴 때 쓰는 호를 "충관(沖罐)"
또는 "소관(蘇罐)"이라고 하는데
이것은 이싱 자사호 중에서 가장 작은 것들 중
한 종류이다.

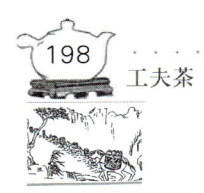

제ㅣㅣ장. 공부차 다구

1. 차호(茶壺)

이싱(宜興) 자사호는 중국 도자 예술 가운데 한 송이 귀한 꽃이다. 그 원료는 주로 이싱시 띵수쩐(鼎蜀鎭) 황룽산(黃龍山) 광산에서 생산된다. 캐낸 광석은 상당 기간 노천에 방치하고, 그 후 분쇄하고 체로 치는 등의 공정을 거쳐 자사니(紫砂泥)를 만든다. 이 자사니를 이용하여 자사 공예가들은 수공으로 자사호를 성형하고, 성형된 호를 그늘에서 건조시키고 건조가 끝난 호는 유약을 바르지 않고 가마에 넣고 고온으로 구워 완성한다. 완성된 호는 유약을 바르지 않아 공기와 수분이 통하며, 그 모양은 일반 다른 자기들과는 다르며 색감은 예스러우면서도 수수하고 공예는 매우 정교하여 아름답고 실용성도 뛰어난 다구이다. 공부차를 우릴 때 쓰는 호를 "충관(沖罐)" 또는 "소관(蘇罐)"이라고 하는데 이것은 이싱 자사호 중에서 가장 작은 것들 중 한 종류이다.

조기(早期) 자사호(1364~1644년)

공부차를 우릴 때 쓰는 호를 "충관" 또는 "소관"이라고 하는데 이것은 이싱 자사호 중에서 가장 작은 것들 중 한 종류이다.

(1) 이싱(宜興) 자사(紫砂)

신석기 시대의 중요한 발명 중 하나가 토기의 발명이다. 초기의 거칠고 조잡한 토기는 점점 단단한 도기로 다시 유약을 바른 도기로 발전했다. 이싱은 이미 상(商)·주(周) 시기에 기하학적인 무늬가 그려진 도기를 만들었고 진(秦)·한(漢) 시대에는 유약을 바른 도기를 구운, 도자 산업이 발달한 지역이다. 도자기 중에서 뛰어나고 독특한 이싱 자사 다구는 송나라 시대부터 생산되기 시작하여 명나라 시대에 와서 크게 발전되고 유행하였다.

자사호의 원료가 되는 자사니는 장수성 이싱에서만 난다. 이싱에는 55군데의 광산이 있고 장수성 전체의 95% 이상의 자사니가 이싱에서 생산된다. 이싱 남부의 치우링산(丘陵山)

본산 녹니 원광석(本山 : 황룽산을 자사의 본산 갑산이라 칭하기도 한다). (작은 그림)여러 단계의 공정을 거쳐 만들어진 본산 녹니.

주니 원광석. 매우 단단하나 물을 만나면 쉽게 부스러진다.   주니(석황니) 원광석을 쪼갠 모양.

지역, 띵산(丁山), 쟝주(張渚), 주똥(渚東) 등이 주요 산지이다. 도토 종류는 백니(白泥), 갑니(甲泥), 눈니(嫩泥), 자사니(紫砂泥) 등이 있다. 그 중에서 자사니가 가장 중요한 도토이며, 주요 산지는 황룽산(黃龍山) 일대이다. 홍니(紅泥)의 주요 산지는 촨부(川埠) 경내의 시산(西山)과 쟈오좡(趙庄)이다.

자니, 녹니, 홍니 이 세 가지를 다 일반적으로 자사니라고 한다. 그 중 자니는 갑니 광층 사이에서 캐며, 자색이나 자홍색 그리고 자색에 연한 녹색 반점이 있는 것이 있다. 가마에서 구운 후에 자색, 자종색(紫棕色), 자흑색(紫黑色)이 나온다. 자니는 자사도기의 가장 중요한 원료로 지금은 황룽산 일대에만 나온다. 녹니는 생산량이 많지 않고 니의 질이 연하고 자사니보다 내화력이 낮다. 녹니는 일반적으로 용기의 외면에 칠하거나 하여 자사도기의 색깔을 다양하고 풍부하게 한다.

공부차 · Gong Fu Cha

홍니는 주니라고도 하며 눈니(嫩泥) 광층의 아래층에서 나는데 광석의 색은 등황색이다. 그래서 "석황니(石黃泥)"라고 부르기도 하며 옛날에는 "미촉풍일적석골(未觸風日的石骨)"이라고 표현했다. 홍니의 원석은 다른 것들이 섞여있어 손으로 선별해야 한다. 홍니만으로 자사 용기를 만드는데 어려움이 있어 일반적으로 용기 표면을 장식하거나 꾸미는 데 이용한다.

이싱에는 도토가 매우 풍부하지만, 자사니는 그 중 매우 귀한 일부분이다. 무분별한 채굴로 이미 상당수의 광산이 폐쇄되었다. 캐낸 자사 원광은 노천에 방치하여 자연적으로 풍화작

이미 폐광이 된 황룡산 4호갱.

工夫茶

용을 받게 하고, 풍화작용을 거치면서 바로 분말이 된 부분과 풍화가 덜된 부분을 분리, 풍화가 덜된 부분은 분쇄한다. 이 과정은 일년 정도 소요된다. 풍화된 원료를 반죽하는데 손에 달라붙지는 않고, 손가락으로 누르면 지문이 남는데 두 시간 정도 경과하여도 지문이 뚜렷하게 남아 있게 되면 변형되지 않고 성형할 수 있다. 이것을 화니(和泥)라고 하며 화니를 유지로 포장하여 보관하는데 이 과정을 진부(陳腐)라고 하며 진부를 거치면 점성이 증가한다. 진부는 적어도 6개월 이상한다. 진부가 끝난 니 덩어리에 적당량의 숙니(熟泥 : 이전에 호를 만들었다가 실패한 호를 분쇄하여 가루로 하여 만든 니)를 섞어 몽둥이로 두드려 니 중의 공기를 빼내는데 이렇게 하면 니편이 부드럽고 질기게 된다. 이 과정을 추니공정(搥泥工程)이라 하며 원료 준비의 마지막 공정이다.

전통적으로 호를 만드는 방법은 자사 니료(泥料)의 특성과 호의 모양에 따라, 니편(泥片)을 둥그렇게 말아 호의 몸통을 만드는 타신통(打身筒)의 방법과 니편을 붙여서 호의 몸통을 만드는 양신통(鑲身筒)의 방법이 있다. 타신통의 방법으로는 원형의 호를, 양신통의 방법으로는 방형의 호를 만든다. 호를 만드는 과정은 우선 추니공정(搥泥工程)을 통해 준비한 재료를 비벼서 만든 니조(泥條)와 다시 두드려 판판하게 만든 니편(泥片)으로 호의 몸통을 만든 다음 부리와 뚜껑을 만들고 부리를 붙이고 손잡이를 붙인다. 다음에 몸통을 다듬고 호의 입을 만드는 등의 순서로 한다. 그리고 건조시킨 다음 가마에서 굽는다.

전통적으로 호를 만드는 방법은 자사 니료의 특성과 호의 모양에 따라, 니편을 둥그렇게 말아 호의 몸통을 만드는 타신통의 방법과 니편을 붙여서 호의 몸통을 만드는 양신통의 방법이 있다.

전통적인 가마는 "용요(龍窯)"라고 부르는데, 경사지며 머리 쪽이 낮고 꼬리 쪽이 높다. 1100~1200℃ 온도에서 40~42시간 정도 장작을 때서 구운 후 15~24시간 후에 꺼낸다. 현대의 자사창에서는 전기 가마나 가스 가마를 사용하여 노동력을 줄이고 생산성을 높인다. 완성된 호에 그림 등을 그려 넣는 경우는 그린 후에 다시 굽는 과정을 거친다.

자사호는 육안으로는 볼 수 없는 미세한 구멍이 있어 오래

딩산(丁山) 대수담(大水潭)공원의 "시도이승(始陶異僧)"상. 금사사(金沙寺)절에 살면서 처음 자사호를 만들었다는 이름이 알려져 있지 않은 승려상.

사용하여도 찻물을 빨아들이고, 차 맛을 머금고 있으며, 열전도율이 낮아 손으로 만져도 데지 않고 잘 식지 않게 하고, 여름에 차를 그냥 두어도 쉬지 않고, 뜨거운 물과 찬물을 번갈아 사용하여도 잘 깨지지 않고, 심지어는 불에 직접 올려 사용할 수도 있는 등 매우 실용적인 다구이다.

(2) 자사호의 조형(造型)

자사호의 모양은 각종 용기 중 가장 다양하고 풍부하여 "원형 차호라고 해서 모두 한 모양은 아니며, 각진 것에도 여러 가지 양식이 있다"라는 찬사를 받고 있는데, 대체로 자연 물체 모양, 기하 형태 모양, 근육 모양 호로 크게 나눈다.

자연 물체 모양은 부조(浮雕)나 반부조 수법을 사용하여 여러 가지 자연물체를 모방하여 만든다. 속칭 화화(花貨)라고 한다. 유명한 공춘호(供春壺)나, 하화호(荷花壺), 서과호(西瓜壺), 망과호(芒果壺), 가단호(茄段壺), 죽절호(竹節壺), 매장호(梅椿壺), 송서포도호(松鼠葡萄壺) 등과 같이 호박이나 오이 종류, 꽃, 나무, 곤충, 물고기, 새, 동물 일상용품 등을 예술적으로 표현한 것들이다. 기하형태 모양은 원형, 사각형, 육각형 등 기본 기하학적인 형태나 그 형태를 변화시켜 만든 호로

화화(花貨) — 매화호(梅花壺).

광화는 외곽선의 조합, 각종 선의 변화, 면과 선의 각도, 거칠거나 풍만하거나 날씬하거나, 혹은 강건하거나 수려하거나 등의 변화를 통해 각각 서로 다른 품격을 나타낸다.

속칭 "광화(光貨)"라고 한다. 이 형태는 간결한 선, 조화로운 면, 단아한 아름다움이 매력이다. 광화는 외곽선의 조합, 각종 선의 변화, 면과 선의 각도, 거칠거나 풍만하거나 날씬하거나, 혹은 강건하거나 수려하거나 등의 변화를 통해 각각 서로 다른 품격을 나타낸다. 광화는 원형과 방형(方形)으로 나눌 수 있다. 중요시 하는 원형은,

- 원(圓) : 이그러지지 않고 원만한 원형이나 타원형 그리고 그 중에서의 변화.
- 온(穩) ; 호의 본체와 뚜껑, 손잡이 등의 크기와 조화가 주는 안정감.
- 균(均) ; 직선과 곡선 만나서 만드는 조화와 균형.
- 정(正) ; 비례에 맞고 단정해야 한다.

석표호(石瓢壺), 석조호(石銚壺), 방고호(仿古壺), 철구호(掇球壺), 정란호(井欄壺), 한운호(漢雲壺), 집옥호(集玉壺) 등이 전형적이고 유명한 원형호들이다.

방형호는 외곽선이 분명해야 하며, 면은 구김없이 세로면은 빳빳하고 가로면은 평평해야 하고, 호의 입과 뚜껑이 딱 맞아야 한다. 사방교정호(四方橋頂壺), 승모호(僧帽壺)가 전형적인 방형호이다.

광화(光貨) — 철구호(掇球壺).

근문호(筋紋器) — 시대빈이 만든 규화호(葵花壺).

광화(光貨) — 수평호(水平壺).

여러 가지 모양의 호 중에서 수평호는 용량이 60~80밀리리터 정도로 공부차에 꼭 필요한 다구이다.

근문기(筋紋器)는 좌우 대칭과 선들이 간결하면서도 깔끔하고 함축적인 맛을 주는 것을 중시한다. 풍권규호(風卷葵壺), 합국호(合菊壺), 규화호(葵花壺)등이 근문기의 특징을 잘 표현한 작품들이다. 근문기는 호의 뚜껑 부분에서부터 호의 잎 그리고 호의 바닥까지 흘러내린 선이 일치해야 하고 근문으로 나뉜 면의 크기가 다 같아야 한다.

여러 가지 모양의 호 중에서 수평호(水平壺)는 용량이 60~80밀리리터 정도로 공부차에 꼭 필요한 다구이다. 수평이라는 이름은 호에 차를 넣고 물을 호의 입까지 가득 부은 후 호의 뚜껑을 닫고 호의 밖에 끓는 물을 부었을 때에야 비로소 넘치는 데서 그 이름을 얻었다. 이것은 원형호로 당연히 광화에 속하며 옛날의 명인 혜맹신(惠孟臣)의 수평호는 최고의 작품으로 칭송받는다.

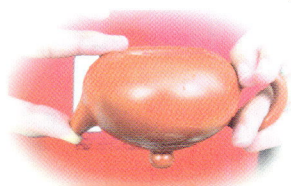

(3)자사호의 선택 표준

자사호는 점, 선, 면의 기본요소가 어우러져서 만든 작품이다. 이 요소들이 면은 거칠면 거친대로, 시원하면 시원한대로, 점과 선은 꼿꼿하면 꼿꼿한대로, 곡선은 곡선대로, 둥글면 둥근대로, 각지면 각진대로 분명해야 한다. 그렇지 않고 각진 것도 아니고 둥근 것도 아닌 식으로 흐리터분하면 좋은 호라 할 수 없다.

자사호의 성형 기술적인 면에서 보면 호취(壺嘴 : 차를 부으면 차가 나오는 곳 부리), 손잡이, 뚜껑의 꼭지(뚜껑 손잡이. 뚜껑을 열 때 잡을 수 있게 만든)의 세 점이 일직선을 이뤄야 한다. 더하여 뚜껑을 벗기고 나서 물에 띄웠을 때 물위에서 한쪽으로 기울지 않고 수평으로 떠 있으면 정교하게 잘 만들어진 호이다. 그리고 호의 입과 뚜껑 그리고 호 바닥의 굽다리는 같은 크기여야 안정감이 있으며 바닥은 평평해야 하고 호의 뚜껑과 호의 입은 긴밀하게 맞아야 한다.

자사호를 새로 살 때는 호의 3/4정도 물을 채운 후 천천히 물을 따라서 물이 부드럽게 흐르고 안정감이 있으면 좋은 호이다. 만일 호의 손잡이를 잡은 손에 힘이 들어가면 호의 중심이 바르지 않은 증거이다. 좌우의 균형도 필요하며, 호의 입은 수평을 이루고, 또한 호의 입은 완전한 원형이어야 한다.

물을 따를 때 물이 힘 있게 포물선을 그리며 길게 나와야 하며, 호를 기울여 따랐을 때 호 안에 물이 남지 않아야 한다.

호의 뚜껑과 호의 입은 더 긴밀하게 맞을수록 차향이 달아나지 않아 좋다. 뚜껑이 잘 맞는지 알아보는 방법은 호에 1/2

 工夫茶

호의 부리, 손잡이, 뚜껑 꼭지 세 점이 일직선을 이뤄야 한다(좌).

뚜껑을 벗긴 호를 뒤집어 책상위에 놓았을 때 호의 부리, 입, 손잡이의 윗부분이 수평을 이뤄야 한다. 이것을 삼산제(三山齊)"라 한다(우).

좋은 호란 미적인 관점 외에 실용성도 중시해야 한다. 호의 용량, 크기, 뚜껑의 잘 맞음, 시원스런 물 흐름 등의 조건을 만족시켜야 한다.

~3/4정도 물을 채운 후 호 뚜껑의 공기구멍을 손가락으로 막고 호를 기울여 물을 따라봐서 물이 흐르지 않아야 한다. 다른 방법은 호의 부리를 손가락으로 꼭 막고 호를 뒤집어 봤을 때 뚜껑이 쉽게 떨어지지 않으면 뚜껑이 긴밀하게 맞는 것이다.

호의 바닥은 평평하고 깔끔해야 하고 낙관도 단정하게 찍혀야 한다. 보통 낙관은 2개 이상 찍으며 대개 호의 바닥과 뚜껑 그리고 손잡이에 찍는다. 자사호의 색은 태토의 색감이 잘 살아있는 매끄러운 느낌에 윤이 나는 것이 좋다.

이싱 도토에는 석영을 함유하고 있어서 현광등 아래서 호를 비춰보면 점점이 반짝이는 것을 볼 수 있다. 이것은 기타 지방의 도토에서는 볼 수 없는 특징이다. 좋은 호란 미적인 관점 외에 실용성도 중시해야 한다. 호의 용량, 크기, 뚜껑의 잘 맞음, 시원스런 물 흐름 등의 조건을 만족시켜야 한다.

공부차·Gong Fu Cha

공부차를 우리는데 적합한 자사호는 150cc 정도로 4잔쯤 나오는 것이 좋다. 또한 한 손으로 들어 편한 느낌이어야 한다. 차호를 고를 때는 어떤 스타일이든 부리와 손잡이 그리고 뚜껑의 배치가 조화롭고 균형 있고 편안해야 한다. 원형호의 경우 호를 잡고 뚜껑을 닫은 다음 뚜껑을 돌려 보아 빡빡했다 헐 거웠다 하면 정교하게 잘 만들어진 것이 아니다. 방형호의 경우는 뚜껑을 돌려가며 각 방향으로 열었다 닫아도 잘 맞아야한다. 그 외에 뚜껑의 공기구멍이 잘 통하는지, 부리 안쪽 망 구멍이 막히지는 않았는지 그리고 그 크기는 적당한지를 살펴본다. 책상 위에 놓아 안정감이 있는지도 확인한다. 뚜껑 꼭지로 호신을 가볍게 두드려봐서 소리가 맑고 쟁쟁하지 않으면 보이지 않는 금이 생겨 있을 수도 있다. 호신을 손으로 천천히 만져봐서 느낌이 편한지도 시험한다. 가장 좋은 방법은 호에 물을 넣고 따라 물이 시원스럽게 흘러야 하고 부리를 타고 흘러내려서는 좋지 않다.

(4) 자사호 길들이기

자사호를 사용하는 방법은 사람마다 자기가 좋아하는 방법이 있기 때문에 어떤 방법이 맞고 다른 방법은 틀리다고 할 수는 없다. 단, 호를 구입하여 사용할 때 약간의 만족스럽지 못한 부분은 스스로 손을 봐 길들이는 것이 필요하다. 예를 들면 뚜껑의 공기구멍이 너무 적으면 가는 침을 이용하여 뚫어주면 된다.

처음 사용하는 호는 사용 전에 처리를 해주는 것이 좋다. 그 방법은 우선 깨끗한 솥을 준비하고 호의 높이보다 2cm 정도 여유 있게 물을 채운 후 새로운 호를 넣고 약한 불로 천천히 가열하여 물이 끓기 시작하면 차를 넣고 3분 정도 끓인다. 다음에 차를 건져내고 계속해서 연한 불로 30분 정도 끓인다. 호를 꺼내어 냄새가 나지 않는 깨끗한 그늘에서 말린다.

잘 가꾸고 절수가 잘 되는 호는 부리를 막고 호를 거꾸로 했을 때 뚜껑이 잘 떨어지지 않는다.

工夫茶

사람에 따라서는 차를 넣지 않고 깨끗한 물에 넣고 끓이기도 한다. 두 가지 방법 다 호신(壺身)의 모세공(毛細孔)을 잘 통하게 하고 처음 사용할 때 나는 도기의 냄새와 맛을 없애기 위함이다.

일상적으로 사용하면서 호를 길들이는 방법은 특별한 방법이 없다. 다만 좋은 차를 좋은 물로 우려마시는 것이 좋다. 정말 차를 좋아하는 사람이라면 마시는 차 종류마다 사용하는 호를 정해두고, 차에 따라 호를 바꿔 사용하면 시간이 지날수록 호가 자연스런 윤이 나고 차 맛도 좋아진다. 차를 우리기 전에 뜨거운 물을 호의 안과 밖에 부어주면 호를 깨끗하게 하고 따뜻하게 하는 효과가 있다.

차를 우리기 전에 뜨거운 물을 호의 안과 밖에 부어주면 호를 깨끗하게 하고 따뜻하게 하는 효과가 있다.

호안의 물이 뜨거울 때 모세공이 확장되어 찻물이 호의 표면에 배이고 이때 가는 면포(棉布)로 호를 닦아주면 호가 더욱 아름답게 길들여진다.
　차를 우린 후에는 호 안에 있는 찻잎을 꺼내고 뜨거운 물로 호 안팎을 깨끗하게 한다. 호 안에 차탕을 남겨두어서는 안된다. 사용 후에는 뚜껑을 열어두고 잡 냄새가 배이지 않는 바람이 잘 통하는 곳에 두면 좋다. 특히 주의할 것은 화학적인 세제를 사용하여 호를 씻으면 잘 길들여진 호가 머금고 있는 차맛은 달아나고 자연스럽게 윤이 나던 광택도 사라지고 화학 세제의 냄새가 남는다. 절대 피해야 할 일이다.

2. 찻잔

　청나라 시홍보(施鴻保)의 민잡기(閩雜記)에서는 "장천(漳泉) 지역에는 공부차를 숭상하는 풍속이 있는데, 다구가 매우 정교하다. 호는 호도 크기만 한데 맹공호(孟公壺)라 부르고 잔은 조그만 한데 약심배(若深杯)라 하고 차는 무이산에서 나는 것을 귀하게 여긴다"라고 소개하고 있다.
　《청조야사대관 청대술이(淸朝野史大觀 淸代述異)》에서는 더욱 자세히 묘사하여 "중국에서는 차를 매우 중히 여기며 특히 민(閩)지역의 정(汀), 장(漳), 천(泉)의 삼부(三府)와 월(粵)의 조주(潮州)의 공부차를 제일로 친다. 그 기구는 정교하고 아름답다. 장방형의 자기로 만든 차판과 호, 네 개의

工夫茶

잔으로 이루어지며, 호는 동으로 만든 것이나 이싱의 자사호를 쓰는데 크기가 주먹만 하고 잔은 호도만 하며, 차는 반드시 무이산에서 나는 것을 쓴다."

청나라 유교(兪蛟)의 《몽창잡저(夢廠雜著) 권10 潮嘉風月 工夫茶》에서 말하기를 "공부차는 차를 끓이는 법이다. 육우(陸羽)의 다경에서 설명한 것보다 기구가 정교하고 아름다우며…. 잔과 차판은 무늬가 있는 자기가 많으며 안과 밖에 산수 인물화를 그렸다. 매우 정교하고…. 잔은 작고 차판은 보름달같이 둥글다."

예로부터 지금까지 공부차를 마시는데 작은 자기 잔이 주로 쓰였고, 위에서 언급한 약심배가 옛 사람들의 가장 사랑받는 다구였는데 지금에 와서는 얻기 어렵다. 소위 "약심배"는 백자에 남색 무늬가 있는 것으로, 바닥은 평평하고 입은 넓고 잔의 바닥에 약심진장(若深珍藏)이라고 쓰여진 작은 자기 잔으로 강희(康熙)년 간에 생산된 것들이다. 여기에 쓰여진 약심(若深)은 사람 이름인지 아니면 도자기를 만든 공방인지는 불

예로부터 지금까지 공부차를 마시는데 작은 자기 잔이 주로 쓰였다.

분명하다. 현재 일반적으로 사용되는 공부차용 잔은 지름이 3센티미터로 두께가 얇고 희고 아름다운 작은 잔이다. 백옥배(白玉杯) 또는 백과배(百果杯)라고 불린다. 잔을 고를 때는 소(小), 천(淺), 박(薄), 백(白)의 네 가지를 기억해야 한다.

- 소(小) — 잔의 크기가 차를 한 모금에 다 마실 만큼 작아야한다는 말이고,
- 천(淺) — 잔의 깊이가 마시고 나면 잔의 바닥에 차가 남아 있지 않게 깊지 않아야 하고,
- 백(白) — 잔의 색이 차의 탕색을 잘 볼 수 있는 백색이여야 한다는 말이고,
- 박(薄) — 잔의 두께가 종이처럼 얇아야 차의 향이 잘 살아난다는 것이다.

쟝시(江西) 징더전(景德鎭)이나 차오조우(潮州) 펑시(楓溪)에서 생산되는 백자가 좋다. 물론 색이 있는 자기나 자사로 만든 잔을 쓰기도 하지만, 깨끗한 백자 잔에 등황색의 오룡차의 탕색이 더 잘 살아난다.

3. 차세(茶洗: 차 씻음 그릇)

차 씻음 그릇(茶洗)은 말 그대로 차를 씻는 도구로, 명나라 때부터 사용되기 시작한 다구이다. 명나라 때 제다방법은 일광(日光) 위조(萎凋) 위주여서 차에 이물질이 들어가는 경우가 많아 처음 우리는 찻물은 버렸다. 이것이 바로 세차(洗茶)이다. 17세기 중반 명나라 사람 풍가빈(馮可賓)이 편찬한 《개차전(岕茶箋)》을 보면 차를 끓이기 전에,

- 좋은 샘물로 다구를 씻는다.
- 다음에 뜨거운 물로 차를 씻는다.
- 반복해서 씻는데 먼지를 제거하고 늙은 잎과 줄기를 버리고 나서 호에 넣는다.
- 뚜껑을 닫고 잠시 기다린 다음에 다시 뜨거운 물을 부어 우린다.

명나라 시대의 차 씻는 그릇은 주발이나 다완 같이 생겼는데 바닥에 구멍이 있었다. 문진형(文震亨)의 《장물지(長物志)》를 보면 차세(茶洗)를 이렇게 설명하고 있다.

"자사로 사발처럼 만들었는데 상하 이층으로 상층 바닥에는 몇 개의 구멍이 있고 차를 씻는 용기이다. 진흙이나 먼지 등은 구멍으로 흘러내려가 편리하다."

명대의 문인 주고기(周高起)의 글을 인용하면 "모양은 납작한 호와 같고 가운데 속이 빈 사발을 올려놓아 그 바닥으로 물과 먼지가 흘러나가게 했다."

청나라 시대에 오면 차세(茶洗)는 모양이 큰 사발 모양으로 변하고 깊은 것, 얕은 것 등으로 다양해 진다. 공부차에는

공부차 · Gong Fu Cha

세 개의 차세가 사용되었는데 하나는 잔을 두고, 다른 하나는 호를 두고, 마지막 하나는 잔과 호를 씻은 물과 우리고난 차를 버리는 용도로 사용했다.

  1960년대에 와서는 펑시(楓溪)에서 만든 새로운 모양의 차세가 등장했다. 자기로 만들었는데 북 모양이고, 상하로 나누어지는데 상층 가운데 바닥에 작은 구멍들이 있어 물이 흘러나갈 수 있다. 이것은 명나라의 문진형이 설명한 것과 일치한다. 이렇게 만든 차세는 상층은 바로 차판과 같아서 찻잔을 놓을 수 있고, 잔을 씻은 물은 아래로 흘러 하층에 저장된다. 차를 마시고 나면 다구를 씻은 다음 차세 안에 보관할 수 있다. 차판, 차세 그리고 차구를 보관하는 세 가지 기능을 갖는다 할 수 있다. 그 이후로 차세의 조형은 변화 발전하여 상층의 차판은 모양이 다양한데, 가운데 구멍이나 홈이 파이고 하층은 상층에 잘 맞춰져 있다.

工夫茶

4. 기타 다구

차판(茶盤) ― 호나 잔 등을 놓을 수 있게 평평하며, 물이 빠질 수 있게 홈이 있어 호를 덥히고 잔을 씻는 등 편리하게 사용할 수 있다.

다선(茶船 Tea pool) ― 사발 모양으로 가운데 호를 놓고 뜨거운 물을 부을 수 있게 만들었다. 다지(茶池)라고도 한다.

기타 다구 ― 차 숟가락(茶匙), 집게, 거름망, 잔 받침 등의 차를 즐기는데 사용되는 작은 다구들이다.

물 끓이는 기구 ― 화로나 전자 전기식의 물 끓이는 기구, 알콜을 이용하여 물 끓이는 기구 등, 차탁, 차를 보관하는 주석관, 차 수건(茶巾).

공부차 · Gong Fu Cha

차판(茶盤)

차판(茶盤)

차선(茶船)

차판(茶盤)

차선(茶船)

전자식 포트

화로

알콜용 포트

전기식 포트

주석관

다건(茶巾)

工夫茶

무이산 계곡으로 난 돌계단 길 사이 양쪽으로 차밭이 있다.

· Gong Fu Tea

공부차 우리기 제 5 장

工夫茶
공부차

차와 다구 그리고 물과 불이 준비되면 차를 우린다. 고충저쇄(高冲低洒), 괄말림개(刮沫淋盖), 관공순성(關公巡城) 그리고 한신점병(韓信点兵) 등 일련의 예절바르고 솜씨 있는 공부차를 내는 과정에서 철학과 종교, 수양과 예술이 풍부하게 녹아있음을 느끼게 된다.
그렇기 때문에 공부차는 그 품격과 격조를 인정받고 있으며 중국다도의 요체이다.

제5장. 공부차 우리기

차와 다구 그리고 물과 불이 준비되면 차를 우린다.

고충저쇄(高冲低洒),
괄말림개(刮沫淋盖),
관공순성(關公巡城),
한신점병(韓信点兵)

등 일련의 예절바르고 솜씨 있는 공부차를 내는 과정에서 철학과 종교, 수양과 예술이 풍부하게 녹아있음을 느끼게 된다. 그렇기 때문에 공부차는 그 품격과 격조를 인정받고 있으며 중국 다도의 요체이다.

차호(茶壺), 잔 등을 차판 위에 정리하여 차를 우릴 준비를 한다(위).

공부차 · Gong Fu Cha

1. 공부차 일반 포법(泡法)

⑴ 다구 준비(備器)

차를 우리기 위한 잔, 호, 다해(茶海), 차판, 물 끓이는 기구, 다하(茶荷 Tea measuring spoon 대나무나 도자기로 만들어 차관에서 차를 꺼내 호에 넣기 전에 감상하고, 또 차의 여리고 쉼 등을 판단하여 차를 우릴 때 참고하는 등의 용도로 쓰는 다구), 차를 담는 관, 차 숟가락, 다건, 잔 받침 등을 사람 수와 우릴 차에 따라 준비한다. 차를 우릴 물도 일찌감치 준비한다.

전통적으로 "산에서 흐르는 물을 제일로 치고, 강물을 그 다음, 샘물은 그 다음으로 쳤다." 그러나 그런 물은 현재에 와

물 끓는 소리가 크게 나다가 작은 소리로 변할 때 뜨거운 물로 호와 잔에 부어 차를 맞을 채비를 한다(위).

工夫茶

서 오염이 심하므로 신중하게 선택해야 한다. 수돗물을 사용할 때는 염소가 날아가도록 일정시간 받아두었다 사용하거나 정수기를 이용하여 걸러서 쓴다. 광천수의 경우는 미네랄 함량이 높아 차의 탕색이 어둡고 향이 잘 나지 않는다. 그러나 적당한 정도의 미네랄은 차를 우리는데 별 문제가 되지 않는다.

　다구 준비는 실질적으로 차를 우리기 위한 모든 준비과정을 말한다. 예를 들면 물을 끓이고, 다구들을 깨끗하게 하는 등의 동작을 말한다. 이렇게 준비하는 동안에 솥이나 포트의 물이 소리를 내며 끓기 시작하다가 그 소리가 적어질 때, 바로 어안(魚眼)일 때 솥을 들어 잔과 호에 물을 부어 덥히고 다시 불 위에 놓고 정식으로 차를 우리기 시작한다.

> 다구 준비는 실질적으로 차를 우리기 위한 모든 준비과정을 말한다. 예를 들면 물을 끓이고, 다구들을 깨끗하게 하는 등의 동작을 말한다.

(2) 차를 넣기 (納茶 : 置茶)

　차를 넣는 양은 호의 크기를 기준으로 하는데 보통 호에 70% 정도 채우면 족하다. 양을 너무 많이 넣으면 차의 농도가 지나치게 진할 뿐만 아니라 쓰고 떫은 맛이 나고, 호(壺) 안의 찻잎이 잘 펴지지 않는다. 그러나 너무 적게 넣어도 맛과 향이 미흡하다. 차를 넣는 양은 차를 잘 우리기 위한 첫 번째 걸음이라 할 수 있다.

(3) 물 끓이기 (候湯 : 煮水)

　소동파의 전차(煎茶) 시(詩)에서, "게 눈은 이미 지나고 고기 눈이 나오네." 이것은 바로 가장 적합한 상태의 물 끓는 정도를 지적한 표현이다. 《다설(茶說)》에서는 "물 끓이는 것이

공부차 · Gong Fu Cha

차의 관건이다. 물을 살펴 물고기 눈(魚眼) 같은 기포가 나오고 적은 소리로 끓을 때가 일비(一沸)이다. 기포가 구슬을 꿴 것처럼 연이어 나오면 이비(二沸)이고, 파도치듯 물결이 일어나는 듯이 끓으면 삼비(三沸)이다. 일비는 아직 덜 끓은 어린 물이고, 삼비는 지나치게 끓여 이미 늙은 물, 소위 백수탕(百壽湯)이며, 물 위로 구슬 꿴 듯이 기포가 일어나고 솔바람 소리가 날 때가 이비(二沸)로 바로 가장 적합할 때이다." 《대관다론(大觀茶論)》에서도 "물의 끓는 정도는 물고기 눈, 게 눈이 이어서 세차게 뛰어오르는 상태가 알맞다"라고 하였다.

어떤 종류의 물 끓이는 기구를 사용하더라도 물이 끓는 소리에 주의하여 게눈, 물고기 눈의 상태 직후 솔바람 소리가 날 때 차를 우린다. 물을 너무 오래 끓이면 차향이 흩어진다.

포트를 높게 들어 호의 가장자리에 물을 붓는다. 소위 고충(高冲)(위).

工夫茶

工夫茶

(4) 물 붓기

물을 부을 때는 호를 이용하거나 개완배를 이용할 때 모두 호나 개완배의 한 가운데로 바로 물을 붓는 것을 피한다. 그리고 소위 고충저쇄(高冲低洒), 즉 물을 높이 들어 호에 따르면 차의 향과 맛 그리고 정(精)이 신속히 우러나오고 쓰고 떫은맛도 덜하다. 또한 높은 곳에서 따라지는 동안에 온도도 적당하게 낮춰 조절된다.

(5) 거품 걷어내기(刮沫)

호에 물을 부을 때는 반드시 가득 부어야한다. 전통적으로

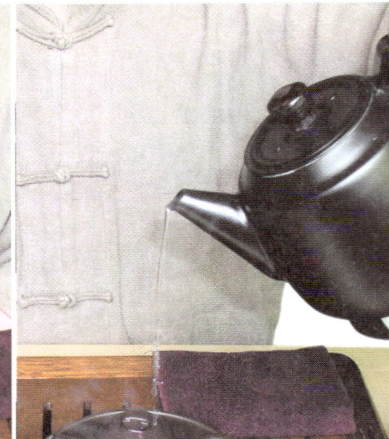

거품 걷어내기(좌).   호에 뜨거운 물 붓기(우).

공부차 · Gong Fu Cha

호는 다건 위에 올려놓고 잔을 씻고 덥힌다(위).

는 호에 물을 가득 부어 거품이 일어나면 뚜껑으로 거품을 가볍게 걷어내고 뚜껑을 닫는다. 요즈음에는 호에 물을 가득 부은 후에도 계속 더 부어 거품이 흘러내린 다음에 뚜껑을 닫기도 한다. 이 경우는 다시 거품을 걷어낼 필요가 없다.

(6) 호(壺)에 뜨거운 물 붓기(淋罐)

호의 뚜껑을 닫은 다음 다시 뜨거운 물을 호에 붓는다. 이는 호에 다시 열을 더하여 차의 향과 정(精)이 신속히 발휘되

도록 하며 호의 표면에 남아있는 거품을 깨끗하게 하는 효과도 있다.

(7) 잔 덥히기(湯杯)

호에 뜨거운 물을 부은 후에 바로 이어서 잔을 덥힌다. 앞서 호에 부은 물의 수증기가 가시고 차가 우려지면 차를 따른다. 차가 우려지는 것을 기다리는 동안에 끓는 물을 사용해서 잔을 씻고 덥힌다. 덥히는 목적은 차의 향과 맛을 살리기 위해서이다.

잔에 차를 따를 때는 반드시 돌아가며 고르게 따라야 한다.

공부차 · Gong Fu Cha

(8) 차 따르기 (洒茶)

호 표면의 증기가 증발되고 잔이 덥혀지면 차를 손님에게 따른다. 차를 따르는 데는 네 가지를 주의한다.

저(低) — 바로 고충저짐(高沖低斟)의 저로 차를 잔에 따를 때 호를 높게 들지 말고, 잔에 가깝게 하여 따라야 향이 흩어지지 않고, 손님에게 겸손함도 더하여 표현된다.

쾌(快) — 차의 향이 소실되기 전에 빨리 따른다.

균(勻) — 차를 따를 때 잔에 한꺼번에 다 따르지 않고 잔에

이것을 속칭 관공순성(關公巡城)이라 한다.

차례로 몇 차례 돌아가며 따라 잔마다 차의 농도를 고르게 한다. 보통 잔을 품자형(品字形)으로 배치하는데 잔이 많을 때 둥글게 놓는다. 잔을 붙여서 놓고 중간에 중단하지 않고 돌아가며 차를 따르는 것을 관공순성(關公巡城)이라 한다.

진(盡) — 차를 따를 때 찻물이 호에 남아있지 않도록 손을 털듯이 한 방울까지 따르는 것을 말하며 이를 한신점병(韓信点兵)이라 한다. 찻물이 호에 남으면 탄닌이 용해되어 떫어진다.

(9) 품명(品茗: 敬茶)

보통 다섯, 여섯 차례 우려 차 맛이 엷어지고 향이 약해지면 마지막 우린 다음 호 안의 찻잎을 꺼내 다하(茶荷) 안이나 작은 그릇에 담아 함께 감상한다.

차를 우린 후에 손님께 차를 권한다. 전통적으로 왼쪽이 상석이므로 왼쪽부터 차례로 오른쪽으로 권한다.

잔을 들 때는 엄지손가락과 둘째손가락으로 잔을 잡고 가운데 손가락으로 잔 바닥을 받친다. 이것을 삼룡호보(三龍護寶)라고 하며, 무명지와 새끼손가락은 가볍게 말아쥐며 손가락을 펴서 다른 사람을 향하지 않게 한다. 남을 향하면 예의에 어긋난다.

차를 따르면 따뜻할 때 마신다. 먼저 향을 맡고 탕색을 보며 마신다. 차를 마실 때는 색(色), 향(香), 미(味)를 중요하게 여기는데, 공부차(工夫茶)는 여기에 더하여 후저(喉底) 즉 차를 마시고 난 다음 입안에 남는 향과 혀 밑에 고이는 단침을 중요하게 여긴다. 말로 쉽게 표현하기 힘든 이것을 차운(茶韻)이라 하는데, 이 차운은 차의 품종 산지에 따라 다르다.

차를 감상할 때 숨을 멈추고 천천히 한 모금 마실 때 뚜렷이 느껴지는 차운, 이것을 느끼는 것이 공부차가 사람을 유혹하는 가장 큰 묘한 매력이다.

첫 번째 우리기가 끝나고 차를 우리는 사람이 두 번째 우리면 호 안의 찻잎은 이미 펴져 차의 본성이 더욱 잘 우러나온다. 보통 다섯, 여섯 차례 우려 차 맛이 엷어지고 향이 약해지면 마지막 우린 다음 호 안의 찻잎을 꺼내 다하(茶荷) 안이나 작은 그릇에 담아 함께 감상한다. 이것을 상차(賞茶)라고 한다.

2. 공부차 표현 다도

공부차를 내는 법에도 민남포법(閩南泡法), 조주포법(潮州泡法), 대만포법(臺灣泡法) 등의 여러 유파가 있으며, 각 유파마다 중요시하는 점이 다르고 각각의 특색이 있다. 공부차의 표현 다도도 공부차 포법(泡法) 중 하나로 여러 유파의 우리는 법이 융합되어 있는데, 일반 다법에 비하여 다구와 표현 동작의 아름다움을 더 추구한다. 또한 다도정신과 아울러 즐거움이 녹아있다.

공부차(工夫茶) 표현 다도에는 차는 무이암차(武夷岩茶)나 안시(安溪) 철관음(鐵觀音)이 적합하고, 다구로는 3~4잔 정도 크기의 호, 작은 백자 잔, 전기 포트, 차판, 다선(茶船) 등이 필요하며 차의 종류에 따라 표현자가 정해진다.

표현 순서와 절차는 표현자에 따라 약간씩 다를 수 있으나,

 工夫茶

우리기 전의 차를 감상하고(鑑賞茶葉), 호를 따뜻하게 덥히고(溫壺), 차를 호에 넣고(置茶), 물을 호에 붓고(沖水), 호에 처음으로 부은 물로 차를 씻어 비우고(洗茶), 잔을 덥히고(溫杯), 차를 따르고(斟茶), 차를 손님에게 드리기(奉茶) 등의 과정은 포함된다.

공부차의 유래 다도도 공부차 포법 중 하나로 여러 가바의 우리는 받아 돌렸었어 있는데 일반 다에에 비하여 다구닙 표존 중주의 아헤다다들 단추구한다

온호(溫壺) ― 호에 뜨거운 물을 부어 따뜻하게 한다.

공부차 · Gong Fu Cha

현호고충 — 포트를 높게 들어 첫 번째로 뜨거운 물을 따른다.

온배(溫杯) — 처음 호에 따른 물은 바로 비워내 잔을 덥히고 거름망을 헹구는 등에 이용.

工夫茶

온배(溫杯) — 충림차루(沖淋茶漏) — 처음 호에 따른 물로 거름망을 헹군다.

온배(溫杯) — 문향배(聞香杯)와 잔을 따뜻하게 한다.

공부차 · Gong Fu Cha

온배(溫杯) — 문향배를 기울여 잔 전체가 따뜻해지도록 한다.

온배(溫杯) — 잔을 덥혔던 물을 버린다.

 工夫茶

현호고충(懸壺高冲) — 호(壺)에 차를 넣고 두 번째로 끓는 물을 호에 붓는다.

출차(出茶) — 차를 공도배
(公道杯·茶海)에 따른다.

세 번째 물을 호에 붓는다.

공부차 · Gong Fu Cha

쇄차(洒茶) — 두번 때 우려낸 차를 문향배에 따른다.

잔을 문향배에 덮는다.

문향배와 잔을 뒤집어 잔이 밑으로 가고 문향배가 위로가게 한다.

工夫茶

工夫茶

봉차(奉茶) — 차를 손님에게 드린다.

품차(品茶) — 먼저 문향배를 든다.

공부차·Gong Fu Cha

문향(聞香) ― 문향배를 들고 향을 감상한다.

철음(啜飮) ― 맛을 음미하며 마신다.